Zeitfracht Medien GmbH
Ferdinand-Jühlke-Straße 7
99095 Erfurt, Deutschland
produktsicherheit@kolibri360.de

Edition Pajam

Coverbild © Hamid pur Bahrami

Druck und Verarbeitung:
Customized Business Services GmbH
im Auftrag der KNV Zeitfracht GmbH
Ferdinand-Jühlke-Straße 7
99095 Erfurt

Printed in Germany
Erste Auflage 2022

ISBN 978-3-949715-16-7

تراژدی یک سلطنت

*

نمایشنامه در دو پرده

قاضی ربیحاوی

قاضی ربیحاوی در روز سیزده فروردین سال یکهزار و سیصد و سی پنج در شهر آبادان در جنوب ایران به دنیا آمد. تحصیلات دبستان و دبیرستان را در همان شهر گذراند. چاپ اولین کتاب خود را با مجموعه‌ی پنج داستان کوتاه بنام «حادثه درکارگاه مرکزی» که مجموعه‌ای بود در رابطه با زندگی کارگران پالایشگاه آبادان، شروع کرد، سپس به همکاری با مطبوعات بعد از انقلات که گرایشات سوسیالیستی داشتند پرداخت و برای آن‌ها گزارشاتی از وضعیت بچه‌های کار آماده می‌کرد که بیشتر با عکس‌های منوچهر دقتی همراه بود. مجموعه داستان او با عنوان «چهار فصل ایرانی» متأثر از یورش رژیم جمهوری اسلامی (انقلاب فرهنگی) به دانشگاه‌ها بود که در همان سال‌ها نوشته شد. پس از آغاز جنگ نوشته‌های قاضی مضمونی ضد جنگ یافتند: «وقتی که دود جنگ بر آسمان دهکده دیده شد» که به عنوان نخستین کتاب ضد جنگ در ادبیات ایران ثبت شده، داستان «توی دشت بین راه»، و «خاطرات یک سرباز» که به خاطر انتشار آن به مدت نه ماه به زندان اوین افتاد. بعد از زندان مدتی به فیلمنامه‌نویسی پرداخت. فیلمنامه‌های «گلهای داودی» و «سایه غم» از آن جمله‌اند. او هم‌چنین داستان‌های کوتاه خود را در این زمان در مجله‌ی «آدینه» و «دنیای سخن» منتشر می‌کرد. بعدها به طور کلی هیچ رمانی از قاضی در وزارت ارشاد اجازه چاپ دریافت نکرد. در این میان تنها رمان «گیسو» به مدت کوتاهی اجازه چاپ داشت که بعداً چاپ آن هم ممنوع شد. قاضی در همکاری مشترک با کاوه گلستان، ساختن یک مجموعه از فیلم‌های کوتاه را درکارنامه خود دارد. او همچنین عضو کانون نویسندگان ایران و از اعضای گروه جلسه‌های پنجشنبه‌ها بود. قاضی در پی ممنوع‌القلم شدن وجو خفقان و ترور حاکم بر ایران، ناگزیر شد در سال ۱۳۷۵ ایران را به قصد کشور انگلیس ترک کند. او درلندن به نمایشنامه - نویسی روی آورد. نخستین نمایشنامه او به نام «نگاه کن اروپا» که در مورد زندانی

تراژدی یک سلطنت

شدن فرج سرکوهی است با همکاری و بازی هارولد پینتر، نویسنده و کارگردان بنام انگلیسی و برنده جایزه نوبل به روی صحنه رفت. تازه‌ترین رمان او پسران عشق به فارسی و فرانسه و آلمانی منتشر شده‌اند. رمان لبخند مریم نیز اخیرا به زبان فرانسه منتشر شده است. او در انگلستان چند فیلمنامه کوتاه برای فیلمسازان ایرانی نوشته و به تازگی یک مجموعه به نام «آتش بس» شامل سه فیلم کوتاه ساخته است.

او درحال حاضر در لندن زندگی می کند.

صحنه یکم

کاخ پادشاه. صبح.

اتاق کار شاه پدر که دیگر در صحنه حضور ندارد. چند بُریده نور صبح تابستان از لای پنجره ها شقه شقه به اتاق خزیده و فضا را در تاریک روشنی فرو برده اند. در یک سوی میز شاه پسر که مردی بیست و دو ساله است ایستاده. او از این پس با عنوان شاه خوانده می شود. در سوی دیگر خواهر دوقلوی او شری ایستاده.

شاه - نه. حالا نه. *و از میز فاصله می گیرد.* راستش من هنوز مطمئن نیستم.

شری - *با لبخند.* اعلیحضرت جوان وقتی تاج را بر سر بذاره مطمئن هم می شه برادر.

شاه - اما حالا نه.

شری - *وانمود می کند که یک تاج خیالی روی میز قرار دارد، حالا با حرکات ظریف دستها و با دقت زیاد تاج خیالی را از روی میز برمی دارد. شاه به حرکات او خیره شده است. شری تاج خیالی را آرام بر سر خود می گذارد.* ببین برادر! اینجور. به همین راحتی.

شاه - *نگاهش می کند با لبخند* تمسخر. به تو بیشتر میاد انگار.

شری - *خود را در آینه قدی که به دیوار اتاق تکیه زده وارانداز می کند.* به من بیشتر میاد چون من فرزند ارشد پدر بزرگوار هستم. *و می خندد.*

شاه - در این مملکت فرزند ارشد پدر بودن یعنی پسر اول خانواده بودن. نمی دونستی؟

شری - به زبان یک مملکت بی تمدن، البته همینطوره.

شاه - اصلا کی گفته که تو قبل از من از شکم مادر بیرون اومدی؟

شری - اصلا کی گفته که من قبل از اعلیحضرت برادر به دنیا نیامدم؟

شاه - شاهدان عینی. اونها که وقت زایمان مادر در همان حوالی بودند.

شری - یک مُشت چاپلوس دروغگو.

شاه - باشه پس این تاج و تخت که از پدر به جا مانده مبارک تو فرزند ارشد ایشان باد. تو تاج را بذار روی سرت و بشو کدخدای این ده خراب شده ی فلکزده.

شری - *با ژست اینکه تاج پادشاهی بر سر گذاشته مثل یک ملکه در آینه حرف می زند.* بعد یک شهر آباد زیبا می ساختم از همین دهکده زشت خراب شده. بیرونش می اوردم از این فلاکت. جلوگیری می کردم از غرق شدن این کشتی ملتهب در این طوفان.

شاه - فکر می کنی کار به همین سادگی ست که به زبان گفته می شه!

شری - سخت ترین کار هم در عمل ساده می شه به کمک دوستان خوب. *تاج خیالی را از سر خود برمی دارد.* کاری که حالا از جانب خدای این سرزمین و به حکم رسمی اعلیحضرت کبیر پدر بزرگوار واگذار شده به برادرم اعلیحضرت جوان. *و تاج را با حرکتی نرم و آرام بر سر شاه می گذارد.* خواهر شری هم وظیفه داره همیشه و همه جا در شادترین روزهای بهاری و در سخت ترین زمستان ها کنار برادرش باشه. مکث. اعلیحضرت کبیر پدر بزرگوار پیش از عزیمت از من خواستند که همیشه یار و پشتیبان برادر و حامی سلطنت او باشم.

شاه - اما آخه چطور می شه افتخار کرد به پادشاهی کشوری که تا خرخره گیر افتاده در اشغال بیگانه ها؟

شری - زیادی گُنده کردن مطلب اشغال خوف و خیال می اندازه به جان آدم برادر.

شاه - یعنی که من خیالاتی شدم؟

شری - فریب حرف پوچ دشمن را نباید خورد. فریب اونها که قصه ساز می کنند علیه این سلطنت، علیه این مملکت.

شاه - خطه ی شمال این مملکت زیر چکمه روس هاست. حکومت ما و ارتش ما هیچکاره ست دراونجا. جنوب کشور هم که توی چنگ انگلیسی ها. خب حالا

چه گُهی می خواد بخوره این ملت؟ فکر کردی به راحتی می تونی دشمن قُلدر را وا داری که از اینهمه نعمت صرفه نظر بکنه و بره بیرون از خاک این کشور؟

شری - درسته که اینها قلد

ر هستند اما دشمن نیستند و اتفاقن دوست هستند. دوستانی که با سلطنت اعلیحضرت جوان موافقند. ببین که همین حالا چطور مهربانانه اداره مرکز کشور را سپردند به اختیار افراد خانواده ی اعلیحضرت پدر تا ببینند که آیا اعلیحضرت پسر توانایی انجام امور مملکت را داره یا خیر.

شاه - خیر، نداره. سکوت. آخه این چه جور مملکتی هست که خطر سوئ قصد و ترور حتا مانع از رفتن پادشاه برای ادای سوگند پادشاهی به مجلس کشور شده؟

شری - کی می خواد اعلیحضرت را ترور بکنه برادر؟ کی جرات این کار را داره؟ وقتی انگلیسی ها خواهان سلطنت اعلیحضرت جوان هستند دیگه ترس به دل راه ندیم. اعلیحضرت کارش را که شروع بکنه بیشتر ملتفت می شه از مرام انگلیسی های مهربان، دوستان فهمیده. اونها اعلیحضرت پدر را از کشور بیرون فرستادند تا اعلیحضرت پسر را بیارند بنشانند بر تخت شاهی. یک رهبر تازه نفس، در فرنگ درس خوانده، یک مرد فهمیده با اینهمه دانش امروزی، آموخته ی زبان های زنده فرنگی، با یک جُفت چشمان جذاب مردانه شرقی. فقط او برای این کار تربیت شده، اونهمه سال، هم در اینجا و هم در فرنگ. *به شاه نزدیکتر شده و شانه او را بو می کند.* چه عطر خوشبویی!

شاه - می ترسم.

شری - شجاعتی که اعلیحضرت داره در اسکی سواری و اتوموبیل رانی!

شاه - و در هدایت طیاره.

شری - می بینی؟

شاه - ایکاش اونچه می دیدیم وجود چندتا سیاستمدار فهمیده و نترس در اطراف ما بود.

شری - هستند.

شاه - مردهایی که بشه اعتماد کرد به اونها، بدون دلواپسی، بدون خوف. نه یک مُشت خنجر پنهان به دست و منتظر فرصت برای خیانت. دیدی که مردان مورد اعتماد ژولیس سزار چه کردند با او!

شری - سزار کُشته شد چون یاران او مخالف بودند با مرام سلطنت. یاران اعلیحضرت جوان اما همه عاشق مرام سلطنت هستند، جان نثاران حکومت پادشاهی، یاران و همکاران نزدیک پدر بزرگوار، مردان با نفوذی که صاحب قُدرتند هنوز. حالا همه اونها همراه هستند با ما، با اعلیحضرت پسر.

شاه - پیرمردهای مرموز که مثل کلاغ راه می رند و فقط بلدند هی بگن: جانثارم اعلیحضرت، خاک پای اعلیحضرت.

شری - *نگاهی با احتیاط به دور و بر می اندازد.* همین آقایان تشخیص دادند که حالا بایست همراه باشند با اعلیحضرت جوان.

شاه - *آرام از خود می پرسد.* پس چرا من خوف دارم؟

شری - *از شاه فاصله می گیرد و بسوی تفنگ می رود.* دیگه اما دیر شده که اعلیحضرت جوان خوف به دلش راه بده.

شاه - دیر شده؟

شری پدر بزرگوار به من بیش از فرزندان دیگه شان اعتماد دارند و اگه قانون کشور به ایشان اجازه می داد تاج را می سپردند به من اما می بینی که این دیار هنوز اونقدر متمدن نشده که پادشاهی یک زن را تحمل بکنه. ایشان به من سپردند که نذارم اعلیحضرت جوان بترسه و جا بزنه.

شاه حالا اگه من بخوام جا بزنم و از خیر پادشاهی بگذرم و همراه با زن و بچه م به اروپا برم و در اونجا مثل یک آدم معمولی یک تجارت معمولی راه بندازم چه؟

شری خب این خانواده حتا در نبود اعلیحضرت جوان و با انتخاب شخص دیگه ای از اعضای همین خانواده هم می تونه به سلطنت ادامه بده.

شاه چه بهتر پس ادامه بده. *و بطرف در خروجی اتاق می رود.*

شری *به تُندی تفنگ را از سینه دیوار برداشته آن را در بغل می گیرد و دسته خشاب را جابجا می کند.* اما نه با زنده بودن اعلیحضرت جوان. سکوت.

شاه *برمی‌گردد.* داری من را تهدید به مرگ می کنی؟! با تفنگی که پدر به تو داده تا با اون از من مراقبت بکنی؟

شری *می خندد و تفنگ را به سینه دیوار بازپس می گذارد.* مرگ اعلیحضرت برادر و مرگ خواهر شری باهم فرق نداره چون اونها هردو یکی هستند، یک روح در دو قالب، یک قلب در دو سینه. *گوش خود را بر سینه شاه می خواباند.* می شنوی که شتابی داره این قلب؟ *بعد بطرف پنجره می رود و به بیرون اشاره می کند.* نگاه کن! یاران صدیق سلطنت برای دستبوسی و کسب تکلیف وارد سرای پادشاه می شن. می بینی؟ صدراعظم و همراهانش توی حیاط هستند، منتظرند. حالا بیا به تالار بریم. *و بطرف در می رود.*

شاه صبر کن.

شری چی شد؟

شاه خواهش می کنم جلوی دیگران من را اعلیحضرت جوان خطاب نکن. خوشم نمیاد از این لُغت جوان. طوری اداش می کنی که انگار تو سی سال از مُسن تر هستی.

شری *با لبخند درحال تعظیم.* من نگفتم سی سال، بلکه گفتم فقط سی دقیقه. یا کمتر. *باز سر بلند می کند.* صدراعظم منتظره. *شری با لبخند می رود. شاه نیز دنبال او از اتاق خارج می شود و هردو وارد تالار کاخ می شوند. شری رو به دربان فرمان می دهد.*آقای صدراعظم را به اینطرف هدایت کنید.
صدراعظم، یک مرد پیر عصازنان وارد می شود و شری به پیشواز او می شتابد. خوش آمدید جناب صدراعظم.

صدراعظم *دست شری را می گیرد و پس از کمی نوازش آن را می بوسد، بعد بطرف شاه رفته با او دست می دهد و مقابل او خم می شود اما دستش را نمی بوسد.* اعلیحضرت جوان چقدر بزرگ شدند! تماشا کنید. ایشان شدند یک مرد قوی بُنیه. مکث. البت که مردان قوی بُنیه روزی پسران ضعیف الجثه بودند، مثل برخی ثروتمندان که روزی مردمی بی چیز. خداوند اعلیحضرت جوان قوی بُنیه و ثروتمند ما را همواره محفوظ بداره. *شاه خود را کنار می کشد.*

شری جناب صدراعظم لطفن از امور مملکت حرف بزنید. خبر بدید به پادشاه کشور. مهمترین اخبار. اعلیحضرت منتظر شنیدنند.

صدراعظم مجلس شورای ملی با حضور همه نمایندگان در انتظارست که اعلیحضرت جوان به آنجا تشریف فرما شده و سوگند پادشاهی یاد بکنند برای ملت.

شاه نه. حالا نه.

صدراعظم در راه رفت و برگشت کسی شاهد عبور اعلیحضرت جوان نخواهد بود البت چون که ایشان کف اتوموبیل دراز خواهند کشید در سکوت و سکون کامل.

شاه دراز بکشم کف اتوموبیل که برم سوگند پادشاهی یاد بکنم!؟ نه. حالا نه.

صدراعظم اتوموبیلی که اعلیحضرت جوان را به حیاط مجلس خواهد بُرد به اندازه کافی فراخ هست. یک مُرده کش انتخاب شده تا توجه کسی جلب نشه. مردم به تردد مُرده کش ها در خیابان های شهر عادت دارند. ترس به دلشان راه ندهند اعلیحضرت.

شری در خون اعلیحضرت پسر هم مثل خون پدر بزرگوار نشانی از ترس و تردید نیست جناب صدراعظم. اعلیحضرت برای رفتن به مجلس آماده هستند.

شاه اما پیش از حرکت ما باید ملاقاتی با همسر و فرزندمان داشته باشیم. *می دود بسوی اتاق دیگر تالار، به جایی که همسر بیست ساله او فئاد در آن ظاهر می شود. شاه بسوی همسر خود می آید و دستان او را می گیرد و می بوسد.* فئاد! عزیزم.

فئاد *ترسیده است.* ما هم نگران حال اعلیحضرتیم.

شاه همسر عزیزم! به جای نگرانی برای من دعا کنید. هردوشما برای من دعا کنید. *به اطراف نگاه می کند.* پس بچه کجاست؟

فئاد با پرستار کنار حوض حیاط آب بازی می کنه. *اشاره بسوی حیاط می کند.* می بینی چه خوشحال قهقهه می زنه؟

شاه *با لذت پدرانه از پنجره به بچه اش که در حیاط است نگاه می کند.* پرستارها باید بیشتر مراقب او باشند.

فئاد مراقب هستند.

شری *که صدای بلندش در فضای تالار می پیچد.* حیف که این بچه دختر به دنیا آمد. باید پسر می شد. مکث. اینطور نیست جناب صدراعظم؟

صدراعظم بله والاحضرت، باید. اما حیف.

شاه *دست همسرش را رها می کند.* من دیگه باید برم.

فئاد خدا نگه دار اعلیحضرت. *فئاد می رود و از صحنه خارج می شود.*

شاه *برمی گردد بطرف صدراعظم و خواهر شری که منتظر او هستند.* لطفا متن سوگند نامه را به ما بدید تا بار دیگه نگاهی به اون بندازیم. *صدراعظم پوشه ای را که در دست دارد به شاه می دهد، شاه آن را باز می کند و در سکوت متن را می خواند. بعد باز رو به صدراعظم می کند.* یقین که رهبران شیعه از سوگند نامه ی ما با خوشرویی استقبال کنند. در اینجا به اونها وعده داده یم که ما در ترویج این مذهب در این مملکت نهایت کوشش خود را به کار می گیریم.

صدراعظم به این ترتیب شاید رنجش اونها هم از پدر بزرگوار اعلیحضرت کبیر بخاطر کم اعتنایی ایشان به مذهب برطرف بشه.

شری اعلیحضرت پدر بزرگوار به مذهب کم اعتنا نبودند. ایشان به رهبران مذهبی اعتماد نداشتند و می گفتند این آقایان تلاش دارند این مملکت را برگردانند به دوره قرون وسطی.

صدراعظم اعلیحضرت کبیر چنین نظری دارند اما در صحت یا عدم صحت این نظر هنوز تردید هست والاحضرت.

شری اما اعلیحضرت ما بدون تردید آماده برای رفتن به مجلس هستند جناب صدراعظم.

صدراعظم *رو به بیرون اعلام می کند.* اعلیحضرت می آیند.

شاه خواهر شری! تو هم برای ما دعا کن که سالم برگردیم.

شری خداوند این مرز و بوم حامی و نگهدارنده ی سلامت اعلیحضرت ما باد. *شاه تند بیرون می رود. صدراعظم هم دنبال شاه خارج می شود. شری خسته خود را ولو می کند روی صندلی.*

صحنه دوم

تالار کاخ. صبح.

دو سال بعد. ملکه مادر، زنی پنجاه و چند ساله یک آتشگردان در یک دست گرفته و مقداری اسپند در دست دیگر به تالار می آید درحالیکه اسپند بر آتش می ریزد و دود از کله آتشگردان بالا می خزد. مادر رو به قسمتی از راهرو با شاه که هنوز دیده نمی شود حرف می زند.

ملکه مادر اعلیحضرت کبیر از مملکت تبعید خط فرستادند. ایشان از نطق های خردمندانه اعلیحضرت جوان در امور کشوری بی خبر نیستند. اعلیحضرت کبیر از ابراز رشادت فرزند گرامی خود در مقابله با دشمنان خارجی به وجد اومدند. نوشتند خوشحال هستند که حدود دوسال با موفقیت از حکومت اعلیحضرت جوان گذشته زیر سایه باری تعالا. نوشتند اگرچه کشور هنوز از اشغال کامل بیگانگان در نیامده اما باید صبر و طاقت بیشتر داشته باشید به یاری خدا. ایشان امیدوار هستند که اعلیحضرت جوان در مدت ادامه سلطنت همینطور با جدیت برابر مشکلات مملکت مقاوم و سرسخت باشند مثل خود اعلیحضرت کبیر. سکوت. در آخر خط هم نوشتند اما امیدوار هستند که اعلیحضرت پسر به عاقبتی چون عاقبت پدر بزرگوار گرفتار نشوند انشاالله.

پیشخدمت دربار *وارد می شود.* صبح بخیر شاه بانو.

ملکه مادر چه شده مراد؟

پیشخدمت دربار صدراعظم اجازه ورود می خواد.

ملکه مادر صدراعظم که ترور شد، نشد مگه؟ در روزنامه ها هم چاپ زدند، نزدند؟ انگار تو هم بی خبری از اوضاع مملکت.

پیشخدمت دربار صدراعظم قبلی ترور نشده هنوز شاه بانو. اون مطلب ترور که در روزنامه ها چاپ زدند درباره ترور صدراعظم بعدی بود. عجیب نیست شاه بانو.

ملکه مادر عجیب تر از این پرت و پلاهایی که تو به زبان میاری نیست.

پیشخدمت دربار شرمندم شاه بانو.

ملکه مادر عوض شرمندگی یک حرف درست بزن.

پیشخدمت دربار ایشان صدراعظم جدید هستند که هنوز ترور نشده شُکر خدا.

ملکه مادر *رو بطرف راهرو با صدای بلند.* صدراعظم جدید اینجاست، پشت در تالار البت به انتظار اجازه ورود، اعلیحضرت جوان.

صدای شاه *از راهرو شنیده می شود.* می دونیم مادر. منتظر ایشان بودیم. شما هم لطفن اطلاع داشته باشید که ما دیگه جوان نیستیم. بیست و چهار سال سن داریم مادر.

ملکه مادر خدا نگه دار اعلیحضرت باشه. *رو به پیشخدمت.* برو بگو صدراعظم جدید بیاد داخل. *پیشخدمت می رود.*

سهیل *مردی چهل و چند ساله که نخست وزیر جدید است به تالار کاخ می آید.* تعظیم عرض شد شاه بانو.

ملکه مادر خیر باشه جناب صدراعظم. خداوند از انجام عمل خیر در صبح زود بیشتر راضی هست. اعلیحضرت کبیر هم صبح زود را برای انجام امور خیر مناسبتر می دونند. به گفته ایشان تصمیمات مهم سیاسی را باید به وقت شب و در تنهایی گرفت و اون را به وقت صبح زود با دیگران اجرا کرد.

سهیل درود به اعلیحضرت کبیر که چنین سخن پُر مغزی فرمودند.

ملکه مادر با وجود مردان هوشیار و با لیاقتی چون شما در این مملکت باید هم که هیچ نباشه غیر از خیر و خوشی در این کشور. شما از راه حیاط تشریف اوردید، دیدید که پاییز چطور حیاط کاخ را خوشرنگ کرده! توقفی کردید که پاییز را تماشا بکنید؟ دیگه روزهای آخرشه ها.

سهیل بنده حقیر ازبس شوق و شتاب دیدار اعلیحضرت در سرم بود که ملتفت نشدم پاییز چطور حیاط کاخ را خوشرنگ کرده. *از پنجره به بیرون نگاه می کند.* به به، تماشا کنید. چه زیبا و دلنشین. معرکه ست.

ملکه مادر شما صدراعظم این کشور هستید باید هوشیارانه ملتفت باشید که چه می گذره در اطراف شما. سیاستمدارانی در انجام امور مملکت برنده هستند که پند و اندرزهای اعلیحضرت کبیر را آویزه گوششان بکنند. بیشتر اگر فرصت بود من بیشتر برای شما می گفتم اما حالا باید برم به مستخدم ها بگم که کومه برگ های مُرده را از روی زمین بردارند ببرند چال کنند گوشه حیاط. از قوت همین برگ های مُرده هست که گیاه دومرتبه جان تازه می گیره. *درحال رفتن بطرف در خروجی با شاه مواجه می شود. ملکه مادر آتشگردان را دور سر شاه می گرداند.* بلا دور. چه مردی! اعلیحضرت. *ملکه مادر می رود.*

شاه *وارد تالار پذیرایی می شود.* صبح بخیر دکتر سهیل.

سهیل *مقابل شاه خم شده دستش را می بوسد.* صبح اعلیحضرت بخیر.

شاه خب؟

سهیل رهبران سه کشور بریتانیا و شوروی و امریکا بدون ارسال خبر به تهران آمده اند.

شاه ما هم خبر را شنیدیم اما هنوز نشنیدیم که قرار هست در کدام کاخ از اونها پذیرایی بشه؟

سهیل متاسفانه ایشان دعوت رسمی خانواده سلطنتی را نپذیرفتند و همگی در سفارت شوروی ساکن شدند. برای جلسه در باب راه حل سریع شکست هیتلر و خاتمه جنگ. همچنین چگونگی تقسیم غنایم بعد از پیروزی متفقین. از هیچ شخص ایرانی برای شرکت در این جلسات دعوت نشده حتا از اعلیحضرت. اما پیغام دادند که اگر ایشان مایل باشند می تونند مدتی قبل از شروع جلسه اول اونها را ملاقات بکنند.

شاه نخیر، ما مایل نیستیم.

سهیل اوضاع مملکت زیادی حساس شده و امتناع اعلیحضرت از شرکت در این ملاقات ممکنه عواقب خوشی برای ملت و برای سلطنت نداشته باشه.

شاه هیچ اتفاقی نمی افته، هیچ هم عوض نمی شه. وقتی اینجور به مقام ما بی اعتنایی بکنند دیگه چه می خواد بشه؟ اصلن بشه و پادشاهی این مملکت برسه به کسی که می خواد تحقیر بشه. ما اهل تحقیر شدن نیستیم.

سهیل اگر رهبران جبهه متفقین گمان کنند که حکومت ما هنوز از جناب هیتلر حمایت می کنه خدای نکرده، ممکنه فکر اشغال بقیه خاک کشور هم در ذهن اونها جدی بشه و قوای بیشتر تدارک ببینند. بهتره کاری بکنیم که این اتفاق نیفته. ملت از شروع دوباره جنگ بدجور ترسیده.

شاه ما که اطلاعیه اعلان جنگ هم ارسال کردیم علیه قوای جرمنی. نکردیم مگه؟

سهیل اما برای رهبران جبهه متفقین همین کافی نیست. اونها اعلام کردند که این قدم از طرف حکومت پادشاهی ایران لازم بوده اما کافی نه.

شاه به درک که کافی نبوده.

سهیل سران سه ابرقدرت دنیا فردا صبح با دیدن اعلیحضرت در سفارت شوروی مطمئن می شن که ما حالا فقط به نیروی متفقین وفاداریم و در صف اونها هستیم نه متحد رایش سوم. این حقیر شک ندارم که حضور اعلیحضرت در ملاقات تاریخی فردا کمک بزرگی خواهد بود تا مملکت هرچه زودتر از این وضعیت اسفناک بیرون بیاد. اوضاع دشواره و سرنوشت یک ملت در این موقعیت حساس تاریخی در دست های جوان اعلیحضرت. *شاه پنهان از نگاه سهیل که سر به زیر انداخته، به دستان خود نگاه می کند. سهیل سربلند می کند.* اعلیحضرت چیزی فرمودند؟!

شاه بسیار خوب. ما خلاف میل خودمان و فقط به خاطر حفظ منافع ملی کشور و برای احترام به این ملت بزرگ به این ملاقات ناخواسته هم تن می دیم. اگرچه صحیح نیست.

سهیل صحت یا عدم صحت این امر فردا عیان می شه، لحظه ای که رهبران سه ابر قدرت جهان با اعلیحضرت ملاقات کنند و از انتخاب صحیح خودشان مطمئن بشن.

شاه ما به انتخاب رهبران کشورهای خارجی به پادشاهی نرسیدیم جناب صدراعظم، بلکه به جانشینی اعلیحضرت کبیر پدر بزرگوار به این مقام برگزیده شدیم.

سهیل صحیح است.

شاه خب پس. از کمیت و کیفیت تیم محافظت که فردا ما را به محل ملاقات می بره مطمئن و راضی هستید؟

سهیل خاطر اعلیحضرت از این بابت آسوده باشه.
دست شاه را می بوسد. فردا ساعت هفت صبح اتوموبیل ها و محافظان آماده بُردن ما به سفارت شوروی خواهند بود. *سهیل می رود.*

شاه *تنها می ماند.* ما تشنه هستیم. کسی نیست یک لیوان آب بده به دست پادشاه این مملکت؟
شری با یک لیوان آب وارد می شود. شاه در گرفتن و نگرفتن لیوان آب تردید دارد. خود را عقب می کشد و بیرون می رود. شری آب لیوان را تا آخرین جُرعه سر می کشد.

صحنه سوم

سفارت شوروی در تهران. صبح.

از یک اتاق صدای خنده چند مرد شنیده می شود. استالین رهبر شوروی و یک مرد دیگر پشت میزی مقابل هم نشسته درحال مُچ انداختن و زورآزمایی هستند. صدای قهقهه استالین در فضا می پیچد. در راهرو چرچیل صدراعظم بریتانیا روزنامه ای در یک دست و مدادی در دست دیگر دارد و مشغول حل کردن جدول روزنامه است. او از کنار شاه و سهیل، بدون اعتنا به آنان، می گذرد. در اتاق دیگر روزولت رئیس جمهور امریکا نشسته درحال تمیز کردن عینک خود است و یک مجله کشاورزی روی زانوهای او است.

خدمتکار سفارت *بطرف شاه و سهیل می آید.* پرزیدنت روزولت مایل به دیدار شماست. *خدمتکار برمی گردد و بطرف روزولت می رود. شاه و سهیل او را دنبال می کنند. خدمتکار پشت صندلی روزولت می ایستد.*

روزولت از دیدارت خوشحالم شهریار. *و با هردو دست می دهد.* داشتم درباره صنعت کشاورزی در کشور شما مطلبی می خواندم. خاک کشور شما فوق العاده مستعده برای کشت و زرع، اما مشکل کم آبی این کشور را در آینده بیشتر دچار مخمصه می کنه. هرچه زودتر باید کاری اساسی انجام بشه برای این صنعت در این کشور. جدی تر بگیرید مشکل کم آبی را. *خدمتکار چیزی در گوش روزولت می گوید. روزولت باز رو به شاه و بعد رو به سهیل می کند و با لبخند با آنان دست می دهد.* از دیدار هردو شما آقایان خوشحال شدم بهرحال. *خدمتکار*

صندلی چرخدار روزولت را هُل می دهد و از اتاق بیرون می برد. شاه و سهیل همچنان ایستاده اند.

خدمتکار سفارت *به اتاق برمی گردد.* صدراعظم بریتانیا منتظر دیدار شماست. *شاه و سهیل به راهرو سفارت هدایت می شوند، جایی که چرچیل در آنجا ایستاده و درحال جدول حل کردن است. خدمتکار از راهرو بیرون می رود.*

چرچیل *سیگارش را از لای لب ها برمی دارد و با شاه و سهیل دست می دهد و باز رو به شاه می کند.* اوه شاه جوان! از دیدارت خوشحالم.
دوباره سیگار بر لب گذاشته به سختی پُک می زند. سیگار پس از مدتی تقلای او بالاخره دود می کند. می بینی که برقراری صلح در جهان آسان نیست. تمام شدنی هم نیست. اصلن تمام شدنی در کار نیست. این حتی شروعی از پایان هم نیست بلکه شاید فقط پایان یک شروع باشه. می بینی. *پُک به سیگار می زند. شاه به او زُل زده است.*

سهیل *که به دود خیره شده ناگهان به خود می آید.* جناب چرچیل! اعلیحضرت پادشاه ایران حامل درخواست مهمی از صدراعظم بریتانیای کبیر هستند. *چرچیل با کنجکاوی منتظر می ماند که شاه چیزی بگوید.*

شاه پدرم از محل اقامتش در اون جزیره دورافتاده راضی نیست. اوقات بدی داره در اونجا. حال جسمی و روحی او خوب نیست.

چرچیل به دلیل اختلاف هوای اونجا با هوای تهران. شنیدم. شاید هوای ژوهانسبورگ برای او بهتر باشه. بله بهتره. خب به اونجا منتقلش بکنند. رو به

سهیل می کند. به سفیر ما نامه بنویسید. ملاقات ما را هم ذکر کنید. *و باز رو به شاه حرف می زند.* برای تو هم آروزی موفقیت دارم شهریار جوان. *چرچیل با شاه و بعد با سهیل دست می دهد و از آنها جدا می شود و می رود.*

شاه *با تکان دست دود سیگار را از مقابل چهره خود دور می کند.* بریم بیرون، توی هوای باز. *هردو به حیاط سفارت می روند و زیر تاق ایوان می ایستند. باران می بارد.*

شهردار *خوشحال بطرف آنان می آید.* پروردگارا چه سعادتی! *شتابان برای بوسیدن دست شاه پیش می دود با سر و روی خیس.*

سهیل آقای شهردار. شما اینجا چه می کنید؟

شهردار بنده همراه هدایایی که برای رهبران و سیاستمداران میهمان ارسال شده به اینجا اومدم.

سهیل هدایا که از طرف خانواده سلطنتی ست و وزارت دربار مسئول انتقال آنها به اینجا بود نه شهرداری. اونطور که به دفتر نخست وزیری گزارش شده بود.

شهردار درست می فرمایید. تخته های فرش و جواهرات از جانب دربار هستند اما مقداری هدایای دیگه هست از جانب اشخاص متفرقه، تجار بازار، اشخاص مهم، فقط برای شخص صدراعظم بریتانیا، انبوه جعبه های طلاکاری سیگار و چوب

سیگارهای فراوان از طلا و نقره و سنگهای قیمیتی، تابلوهای نقاشی. *رو به شاه تعظیم می کند.* هدایا فراوانند اعلیحضرت.

شاه چرا فقط برای صدراعظم بریتانیا؟ مگه فقط او هست که سیگار می کشه؟

شهردار پرسش به جایی ست. چون فردا روز هفتادمین سالگرد تولد جناب وینستون چرچیل صدراعظم بریتانیای کبیره. می بینید خداوند چطور با مردم شهر پایتخت مهربان بود که جشن تولد هفتاد سالگی این شخصیت بزرگ جهانی را مصادف کرد با روزی که ایشان در اینجا اقامت دارند، در روزی فراموش نشدنی برای مردم این شهر. باری از وزارت کشور اجازه گرفته شد که سه تا از خیابان های بزرگ شهر به نام این سه سیاستمدار بزرگ جهانی نامگذاری بشن. البته اگر اعلیحضرت موافقت بفرمایند. *شهردار خیره می شود به شاه و منتظر پاسخ است.*

شاه بروید انجام بدهید آقا. *شهردار با خوشحالی خم شده دست شاه را می بوسد و می رود. شاه زیرلب غرولند می کند.* بروید و هر گُهی دلتان می خواد بخورید آقایان. حالا که تصمیمشان را گرفتند و دارند عملیش می کنند منتظرند که اعلیحضرت موافقت بفرمایند. اصلن در این روستا معلوم نیست خر کی و خربان کی هست.

خدمتکار سفارت *می آید.* جناب استالین رهبر اتحاد جماهیر شوروی پیغام دادند که فردا جهت صرف عصرانه با خانواده سلطنتی به کاخ محل اقامت پادشاه خواهد اومد. *خدمتکار می رود.*

صحنه چهارم

تالار پذیرایی کاخ. غروب.

روز بعد. ملکه مادر همراه با استالین و مترجم وارد تالار می شوند.

ملکه مادر حالا بفرمایید بیایید توی این تالار نشیمن استراحت بکنید دوستان.

حضور مترجم میان مکالمات اشخاص به نشانه و معنای فعال بودن او در کار ترجمه حرف های استالین به افراد و بلعکس است.

مترجم *رو به استالین.* صاحبخانه شما را به داخل خانه دعوت می کنه رفیق.

استالین *می خندد.* پس صاحبخانه اینجا هم شما هستید. می دونستم. همیشه و همه جا زن ها صاحبخانه هستند. همه جا.

شری *می آید.* اما در این کشور اینطور نیست رفیق. اینجا صاحبخانه اصلی برادر ما و پادشاه ما و رهبر ملت ماست.

شاه *با لبخند وارد می شود.* چه خوب که میهمانان ما دارند خوش می گذرونند.

شری شخص اول مملکت وارد می شود.

استالین چه خوب. *می خندد.*

شاه من را می بخشید که ناچار شدم چند دقیقه ای شما را تنها بذارم.

استالین *به مادر اشاره می کند.* ما تنها نبودیم. *بلندتر می خندد.*

شاه *پیداست که خنده های استالین او را عصبانی کرده اما سعی می کند آرامش خود را حفظ کند.* خوشحالی میهمانان به وقت پذیرایی بهترین هدیه ست برای میزبان.

استالین خب ای همسایه جوان ما که به جای آموختن زبان مردم همسایه خودت راه افتادی بر روی اقیانوس ها سفر کردی و رفتی تا زبان امپریالیست ها را یاد بگیری، بابت عصرانه لذیذ پارسی بازهم صمیمانه متشکریم.

شاه از تماشای تابلوهای هنری کاخ خوشتان اومد جناب استالین؟

شری ایشان نقاشی های استاد کمال الملک را پسندیدند.

ملکه مادر من هم با شما همنظرم آقای استالین. انسان حض می کنه از تماشای اونهمه هنر. دلتان می خواد یکی از اون تابلوها را به تُحفه بردارید ببرید

آویزان بکنید به دیوار اتاق کاخ شخصی خودتان؟ من از سهمیه خودم یکی را به شما هدیه می دم.

استالین از مهربانی شما متشکرم خانم. اما این آثار هنری با ارزش تر از این هستند که در یک کاخ محبوس بمانند. همه اونها را به نمایشگاه های عمومی شهر بفرستید، به جایی که مردم به اونها دسترسی دارند. مردم باید بتونند هروقت که بخواهند به نمایشگاه شهر بروند و این آثار را به رایگان تماشا کنند.

شری شما مردم ما را نمی شناسید رفیق، نمی دونید چطور بیگانه هستند با فرهنگ و هنر. سُپردن آثار هنری با ارزش به نمایشگاه های عمومی شهر برازنده به مردم مُتمدن مقیم کشورهای مُتمدن هست نه مردم عقب مانده و بی دانش این کشور. باور کنید که ما فقط بخاطر حفظ و مراقبت از این آثار فرهنگی اینها را در اینجا نگهداری می کنیم، بخاطر عشق زیاد به هنر اصیل این سرزمین.

استالین خود مردم بهتر از هرکس می دونند که چطور از آثار فرهنگی و از هنر اصیل سرزمین خودشان مراقبت بکنند.

ملکه مادر اگه این مردم این چیزها حالیشان می شد که اداره این مملکت اینقدر سخت نبود که آقا.

استالین وقتی هم حالیشان بشه بانو، دیگه جایی برای پادشاه و خانواده او نیست، متاسفانه. سکوت. *افراد بهم نگاه می کنند. شری به خدمتکار که سینی به دست ایستاده اشاره می کند که لیوان ودکا را جلوی استالین بگیرد. استالین یک لیوان*

ُپر را برمی دارد و حرف خود را ادامه می دهد. قبل از اینکه مردم زحمتکش به اینجا هجوم بیارند و سلطنت را از شما بگیرند، خودتان این تاج و تخت را رها بکنید و بروید بین مردم. *به شاه نگاه می کند و با لبخند ادامه می دهد.* کشور ما آماده هرگونه کمک به مردم شما هست. *گیلاس را بالا برده ودکا را تا آخرین جرعه سرمی کشد.*

شاه *یک گیلاس ُپر از ودکا از روی سینی برمی دارد و پیش از نوشیدن حرف می زند.* مردم این مملکت عاشق سلطنت هستند رفیق استالین. کشور ما همیشه یک سرزمین پادشاهی بوده، ملتی با بیش از دو هزار سال سابقه سلطنت، حکومتی که بیش از هر نوع حکومت دیگه به این ملت آزادی و امنیت داده و بیشتر خواهد داد در آینده. آزادی و امنیت و تمدن. سلطنت ما بر این سه حرف بنا شده و همه تلاش ما رسیدن به همین اهداف هست. *بعد گیلاس ودکا را بالا برده و مشروب را تا آخرین جرعه سرمی کشد. همه به او خیره مانده اند.*

استالین پس چه بهتر. *و ناگهان می زند زیر خنده و از اتاق بیرون می رود. شری و بعد شاه هم دنبال او محل را ترک می کنند.*

ملکه مادر *پنهان از نگاه دیگران خدمتکار کاخ را به گوشه ای می کشد.* مراد! برو به مسئول نمایشگاه کاخ بگو اون تابلو تصویر آقای هیتلر را که از روی دیوار برداشته بود دومرتبه آویزان بکنه سرجاش. بگو مراقب باشه یکوقت صدمه نزنه به اون تابلو. مراقب باش. برو. *خدمتکار از اتاق بیرون می رود.*

مترجم *در چارچوب در ظاهر می شود.* عرض داشتم شاه بانو. *با احتیاط به دور و بر نگاه می اندازد و چون کسی در اطراف نیست حرف می زند.* رفیق

استالین هدیه شما را قبول کرد. گفت البته فقط بین خودمان باشه این موضوع چون ایشان می خواد تابلو را برای دخترش بفرسته به فرنگ. آخه حال روحی دختر ایشان خوب نیست شاه بانو.

ملکه مادر خاطر ایشان جمع باشه. تشریف بیارید. *اما با علامت دست جلو پیش آمدن مترجم را می گیرد.* نه. حالا نه. اجازه بدید. *می رود و رو به بیرون صدا می زند.* مراد! فعلن دست نگه دار و به مسئول نمایشگاه نگو که اون تابلو را آویزان بکنه، بگو نگهش داره توی انبار تا من خودم بیام و بگم که چکار بکنه. *برمی گردد و رو به مترجم می کند.* گفتی حال دختر آقای استالین خرابه؟ گفتی ایشان یکجور مرض پریشانی داره؟ شما بودی گفتی؟ اما هنوز نگفتی که دقیقن چه جور ناخوشی داره دخترک. پناه بر خدا. پریشان حالی چه جور مرضی هست؟ *هردو آرام بیرون می روند.*

صحنه پنجم

تالار کاخ. عصر.

تمرا، یک زن کولی که فالگیر دربار است وسط اتاق ایستاده و یک فنجان خالی قهوه در دست دارد و با دقت به داخل آن نگاه می کند و حرف می زند.

تمرا می بینید شاه بانو فنجان قهوه اعلیحضرت را؟ پاک و شفاف مثل دریای خزر. همه چیز به روشنی دیده می شه. هم عکس اونهایی که رفتنی شدند و رفتند و هم شکل اونها که اومدنی. یکی که پشتش به ماست، می بینید، رفته به مملکتی که تا دل هوس بکنه نخل داره. *با دقت بیشتر داخل فنجان را نگاه می کند.* گُم شده لای نخلستان. در عوض یکی تازه داره به اینطرف میاد از شهر بلور، موهاش از طلا و توی دستش سر طناب یک اسب.
ذوقزده *از چیزی که در فنجان می بیند.* مُژده بدید شاه بانو که یک سوار نشسته ترک اسب. باورتان می شه؟ بیایید خودتان تماشا کنید تا باورتان بشه.

ملکه مادر *وارد تالار می شود و با اشتیاق می پرسد.* سوار مرد؟

تمرا سوار که زن نمی شه شاه بانو.

ملکه مادر یعنی که شهبانوی آینده پسر در شکم داره برای این ملت؟

تمرا اینجور که فنجان اعلیحضرت می گه.

ملکه مادر مبارکه انشالله.

تمرا ماشالله فنجان اعلیحضرت هرروز یک قصه تازه داره از شادی و سرور.

ملکه مادر پس همسر قبلی برگشتنی نیست.

تمرا فنجان می گه نیست شاه بانو.

ملکه مادر می بینی که پروردگار عالم چه لطف عظیم داره به این مملکت. زود نشان می ده که چه درست هست برای ملت و چه درست نیست. اوردن این دختر عرب به این کاخ در مقام همسر اعلیحضرت پسر کار درستی نبود. از روز اول من می دونستم که نمی شه. به اعلیحضرت کبیر هم عرض کردم اما ایشان قبول نفرمودند. اعلیحضرت فقید فقط در همین یک مورد کلام من را زمین انداختند. خدا شاهده که فقط همین یک بار بود که ایشان به حرف من عمل نکردند و دیدید که پروردگار هم بالاخره غلط بودن اون پیوند زناشویی را نشان داد. چه بهتر. خدا را شُکر.

شاه *با شتاب به تالار می آید. بطرف تمرا رفته و فنجان را از دست او بیرون می کشد و آنرا با عصبانیت بسویی پرت می کند.* دست بردارید از این مُزخرفات و خُرافات. افراد وابسته به خانواده سلطنتی نباید اینجور وابسته باشند به خرافات و جادو و جنبل. می دونم این چیزها بین مردم عامی در این مملکت معمول هست

اما افراد خانواده سلطنتی فرق دارند با مردم عامی. باید فرق داشته باشند. اعتقاد به مذهب یک چیز دیگه هست اما مذهب فرق داره با خرافات.

ملکه مادر فال که خُرفات نیست عزیزم.

شاه هرجور فال و فال گرفتنی خرافه هست و خود گول زدن. علت عقب ماندگی این ملت هم همین هست. به جای فکر کردن به واقعیت هایی که اونها را به راه تمدن هدایت می کنه چسبیدند به یک مُشت یاوه های پوچ، به فال و دعا و دخیل بستن. دشمن هم همین را می خواد. می خواد که مردم غرق باشند در عالم حماقت.

ملکه مادر محض سرگرمی هم هست. اما خیلی چیزها هم در فال میاد که درسته. بسته به خود فال هست. فال اگر از قلب بربیاد به قلب هم می نشینه. مردم این دیار محتاج دعا و بستن دخیل هستند مادر جان. این حقیقت را اعلیحضرت باور کنند.

شاه من درس خوانده فرنگ هستم، آشنا به علوم تازه، آموخته در زبان های اروپایی. بچه که نیستم من. یک مرد زن و بچه دارم و همسرم هم بزودی به خانه ی من که شوهرش هستم برمی گرده پیش فرزندش و خواهید دید که فنجان شما گزارش اشتباه داده به شما. اطلاعات غلط. خب این که واضح هست. مگه می شه یک فنجان کوچک قهوه خوری سر دربیاره از حقیقت اشخاص؟ فنجانی که تا ساعتی پیش متعلق به من بود، روی میز من بود.

ملکه مادر اتفاقن داشت از حقیقت زندگی اعلیحضرت خبر می داد این فنجان. اخبار مهم می گفت. همه به نفع این مملکت، به سود این ملت.

شاه اصلن کی فنجان قهوه من را از روی میزم برداشت بدون اجازه من؟ هنوز مقداری قهوه توی فنجان بود که یک دست ناغافل اومد اون را برداشت و بُرد.

ملکه مادر قهوه سرد شده بود. دلیل این بود که از روی میز ایشان برداشته شد. *مادر تمرا صدا می زند و به او فرمان می دهد.* برو بگو یک قهوه تازه بفرستند برای اعلیحضرت. *تمرا می رود. مادر دست بر شانه شاه می گذارد و او را بر صندلی راحتی می نشاند.* حالا اعلیحضرت همین جا بنشینند تا خستگی شان در بشه. روی این صندلی لطفن. امروز خیلی کار کردند، خسته شدند. کار مملکت داری سخت ترین کار دنیاست. *مادر روی زمین می نشیند.* اجازه بدید پوتین ها را از پای اعلیحضرت بیرون بیارم تا پوست پاهای ایشان هوا بخوره خنک بشه. *بند پوتین ها را باز می کند. مستخدم یک فنجان قهوه می آورد و به شاه می دهد و خارج می شود. شاه قهوه را بو می کند. کمی از آن می نوشد. مادر درحال بیرون آوردن کفش ها است.* هیچ شغلی دشوارتر از شغل پادشاهی نیست در این عالم، اونهم پادشاهی بر مردمی که اگرچه از لحاظ مالی بی نیاز هستند و همه شکم هاشان سیر، ماشالله، اما از جهت فهم و شعور حالا حالاها خیلی مانده تا بی نیاز بشن. کار پادشاه اینطور کشوری از کار باقی پادشاهان دنیا البته که سخت تر هست. برای همین گفتند پادشاه باید همیشه در رفاه کامل باشه تا بتونه وظیفه خودش را به نحو احسن انجام بده. مقصود از در رفاه کامل بودن، با یک زن کامل بودن هست پسر جان. *مادر جوراب های شاه را از پاهای او درمی آورد.*

شاه زن کامل؟! *به پشتی لم داده قهوه می نوشد.*

ملکه مادر زن تا وقتی که پسر نیاورده برای شوهرش یک زن کامل نیست هنوز. زن روزی کامل می شه که پسرش زاده بشه بیاد به این دنیا و بشه جانشین پدر. *مُچ پای شاه را مالش می دهد.*

شاه *خیره می شود به داخل فنجان، انگار چیز مهمی در فنجان دیده است.* تمرا هنوز اینطرفها هست؟

ملکه مادر *رو به بیرون صدا می زند.* تمرا!

تمرا *می آید.*در خدمتم شاه بانو.

ملکه مادر فنجان اعلیحضرت را بخون.

تمرا چشم شاه بانو . *اما شاه هنوز قهوه را تمام نکرده. تمرا منتظر می ماند. شاه با عجله باقی قهوه را می نوشد و فنجان را بسوی تمرا دراز می کند. تمرا فنجان را می گیرد و به داخل آن نگاه می کند، خوشحال و متعجب حرف می زند.* ای خدا. ماشالله. نقش یک طاووس توی این فنجان اعلیحضرت افتاده شاه بانو. با بال های باز. به چشم خودتان ببینید تا باورتان بشه نقش این طاووس را.

ملکه مادر *به داخل فنجان نگاه می کند.* پناه برخدا!

شاه *با اشتیاق بچگانه.* می شه من هم ببینم؟

تمرا *داخل فنجان را به شاه نشان می دهد.* لطفن اعلیحضرت اینجا را تماشا کنند. این طاووس پُرنقش و نگار را ببینند بی زحمت.

شاه *خیره می شود به داخل فنجان با لبخندی بر لب ها.* بله. می بینم. مثل اینکه ... *بعد خیره می شود به روبرو و زیرلب می پُرسد.* طاووس!؟

صحنه ششم

یک اتاق در کاخ. شب.

شری وسط اتاق ایستاده. تنها است و یک نامه باز شده در دست دارد. مخاطب او شاه در راهرو بغل است و از اینجا دیده نمی شود.

شری *با صدای بلند نامه را می خواند.* امیدوارم اعلیحضرت همیشه موفق و خوشحال باشد. توسط این نامه به اطلاع می رسانم که من برای همیشه در شهر زادگاه خودم می مانم. پایتخت اعلیحضرت محل اقامت مناسب من نیست. تقاضا دارم هرچه زودتر حکم طلاق مرا صادر کرده برایم ارسال کنند. در مقام یک زن عرب آسان نیست زندگی با شوهری که بر عقیده خود مصمم نیست و به دیگران اجازه می دهد حتا در زندگی زناشویی هم برای او و همسرش تصمیم بگیرند. و در پایان با تمام احترام و ارادت که در مقام همسر سابق به اعلیحضرت دارم باید بگویم که من دیگر عاشق ایشان نیستم.

شاه *با شتاب می آید و نامه را از دست شری می قاپد.* کی به تو گفت که نامه های خصوصی من را باز بکنی؟

شری نامه های پادشاه یک کشور خصوصی نیستند بلکه مطالبی که دیر یا زود دیگران از آنها باخبر می شن پس چه بهتر که قبل از هرکس و ناکس اول افراد درجه یک خانواده سلطنتی بدونند موضوع چیه. *شاه به نامه نگاه می کند. شری با*

پوزخند *ادامه می دهد.* باقی ش دیگه فقط سلام و دعاست با آرزوهای خوب. *شاه نامه را به دو نیم پاره می کند.*

شری چه خوب که اعلیحضرت عصبانی نیست از مزخرفات این زنیکه لوس.

شاه عصبانی نیستم از چرندیات این خط؟ از اینهمه حرف مُفت؟ می خوام یک چیزی بشکنم. می خوام خورد بکنم این آینه را.

شری عصبانیت از دل عشق بیرون میاد. وقتی کسی را دوست می داری به او خشمگین می شی وگرنه اینهمه اشخاص بی خاصیت تو این دنیا که خشمی را برنمی انگیزند، انبوه اشخاص احمق و بی خاصیت.

شاه احمق و بی خاصیت.

شری من اما شک ندارم که اعلیحضرت درحال حاضر به هیچ زنی عشق نداره هنوز و به همین علت در آرامش به سر می بره.

شاه من مشروب می خوام.

شری بله اعلیحضرت. *می رود به گوشه ای از اتاق که بار قرار دارد و مشروب در گیلاس می ریزد.*

شاه *با نگرانی نگاه می کند به شری که حالا پشت به او کنار پیشخوان بار ایستاده دارد مشروب در لیوان می ریزد.* من رای م عوض شد.

شری *با یک گیلاس مشروب برمی گردد.* من از همان اول از رای اعلیحضرت با خبر بودم. *گیلاس مشروب را بطرف شاه دراز می کند.*

شاه *از گرفتن گیلاس پرهیز می کند.* مقصودم مشروب بود. می خواستم بگم میل ندارم. مطمئن نیستم که درمانی باشه برای این درد بی درمان.

شری هیچ دردی بدون درمان نیست در این دنیای پُر از زن های داوطلب خدمت به اعلیحضرت. *می خندد.*

شاه *گیلاس را از دست شری می گیرد.* من هرگز عاشق او نبودم. دلم برای او می سوخت اما عشق نبود بین ما، فقط دلسوزی بود. می فهمی؟ *می نوشد.*

شری *می رود برای خود هم مشروب می ریزد و گیلاس به دست برمی گردد. هردو گیلاس ها بهم نزدیک می شوند.* معلومه که خواهر شری می فهمه. *آنها مشروب می نوشند.*

شاه از خودم اما عصبانی هستم. با خشم خودم علیه خودم نمی دونم چه بکنم. خودم باید پیش از این به او می گفتم که دیگه دوستش ندارم. باید حکم طلاق او را زودتر می فرستادم قبل از اینکه او بتونه با این عبارت های مُفت بی معنی که دیگران برای او نوشتند و من می دونم نویسنده این عبارت ها کی هست، اینجور ما را تحقیر بکنه یا سعی بکنه که ما را تحقیر بکنه.

شری هیچ کس نمی تونه اعلیحضرت این کشور را تحقیر بکنه.

شاه گُه خورده ما را تحقیر بکنه. دیگه نمی ذاریم کسی ما را تحقیر بکنند. ما باید نمونه باشیم برای تک تک افراد ملت. مردم ما را دوست دارند چون قاطع و مصمم هستیم. ما کارهای مهم تر از حرف زدن درباره زن ها داریم.

شری درسته. گریه و زاری برای رفته ها فایده نداره. فرق هم نمی کنه که شخص رفته پدر آدم باشه و یا شوهر و یا زن. بذار هرکس بره دنبال سرنوشت خودش. دیدی که خواهر شری نه در مرگ پدر گریه کرد و نه برای رفتن شوهری که دوست نمی داشت. اعلیحضرت هم مقاوم باشه.

شاه البته که مقاوم هستم. تو دیدی که من هم در مرگ پدر گریه نکردم. من اصلن برای چیزی یا کسی گریه نکرده م تا به حال و گریه هم نخواهم کرد. اصلن مگه من زن هستم که گریه بکنم؟

شری اما گاهی وقت ها گریه چیز بدی نیست.

شاه برای من هست. هیچ وقت کسی من را درحال گریه نخواهد دید. هرگز.

شری چه خوب. زن ها عاشق مردی هستند که هیچ وقت گریه نمی کنه. می دونستی؟ یکی ش خود من. یکی دیگه هم در همین حوالی دوروبر منتظر نشسته که برای دستبوسی به خدمت برسه.

شاه کی هست؟

شری عاشقی از سرشب بی صبرانه در انتظار. حالا وقتش نشده که به خدمت پذیرفته بشه؟ *به کسی که بیرون است علامت می دهد. زنی جوان با حالت شهوانی به شاه چشم دوخته از یک سوی تالار وارد و از سمت دیگر به اتاق دیگر می رود. شاه با تردید به جانبی که زن رفته نگاه می کند. بعد با لیوان خالی بطرف بار می رود، لیوانش را پُر می کند و دنبال زن کشیده می شود. شری نیز با لبخند از جهت دیگر می رود.*

صحنه هفتم

تالاری در کاخ. صبح.

فردوس مردی بیست و پنج ساله در لباس نظام به تالار کاخ می آید و منتظر می ایستد.

ملکه مادر *وارد می شود.* ماشالله فردوس جان تو هم خوب خوش قد و بالا شدی ها پسر. شنیدم خیلی هم باهوش و حسابی لایق هستی در امر نظام.

فردوس هم در امر نظام و هم در امر سیاست. غلام حلقه به گوشم تاج بانو.

ملکه مادر پس اومدی که هم بشی فرمانده ارتش و هم صدراعظم جدید.

فردوس اعلیحضرت تشخیص دادند که در انجام امور مملکت این حقیر همیشه در کنار ایشان باشم. خواستند که بنده بشم معاون اول شخص ایشان.

ملکه مادر چون که اعلیحضرت همه جور به تو اطمینان داره می دونه که تو هیچگاه پُشت نمی کنی به ایشان. شما از بچگی باهم رفیق بودید.

فردوس بزرگترین افتخار و اقبال این حقیر در زندگی جز این نیست تاج بانو.

ملکه مادر قبله عالم وارد می شه.

فردوس همینطوره تاج بانو. *ملکه مادر از اتاق بیرون می رود. شاه که بیست و پنج ساله است وارد می شود و با فردوس دست می دهد. فردوس دست شاه را می بوسد.* جان نثارم.

شاه تصمیم ما درباره تغییرات در قانون را با سران ارتش در میان گذاشتی دیشب.

فردوس بعد از اونکه این حقیر فرمایشات اعلیحضرت را مطرح کردم تا مدتها هیچ صدایی از آقایان نبود جز تکرار عبارت احسنت به اعلیحضرت. برخی از جانثاران بر این عقیده بودند که این تصمیم باید زودتر از اینها گرفته می شد حتا در زمان اعلیحضرت فقید.

شاه ایشان هم اگر در شرایط امروز بودند همین را اتخاذ می کردند.

فردوس در قانون مورد نظر، قدرت مجلس شورای ملی بیش از اندازه ست و حتا غیر ضروری در مقابل اختیارات کم بضاعت اعلیحضرت.

شاه اختیارات کم بضاعت ما؟

فردوس عُذر می خوام.

شاه اگه انگلیسی ها بپرسند که در امور مملکت چه اثر داره این جابجایی اختیارات از مجلس به سلطنت؟

فردوس هدف اصلی جلسه یافتن راهی بسوی خاتمه هرج و مرج موجود در امور دو مجلس بود. بعد از تغییر این قانون اعلیحضرت اختیار خواهند داشت هردو مجلس سنا و شورای ملی را با فرمان ها و یا حتا فقط با یک فرمان به کُلی منحل اعلام بکنند.

شاه همینجور به همین سادگی؟

فردوس البته که در آن فرمان شرح علت انحلال خواهد آمد و نیز شرح اقدامات تازه جهت انتخابات بعدی.

شاه مقصود این هست که اگر دیگران به ما ایراد بگیرند که این خلاف قول هایی هست که درباره برقراری و رعایت دمکراسی به مردم دادیم. گمان نمی کنی که ملت اعتمادش کم بشه به سلطنت؟ کم نمی شه؟

فردوس سلطنت به اعتماد ملت نیاز نداره بلکه به جلب نظر ملت نیاز داره. مردم تشنه شنیدن اخبار تازه از قدرت بیشتر اعلیحضرت هستند و خودشان پاسخ مناسب را برای توضیح خبرها پیدا می کنند. ملت ما ملتی ست با تخیل بالا. مردم به شنیده هاشان بیشتر از دیده هاشان اطمینان دارند. این ملت داره می سوزه در تب داشتن یک رهبر قاطع و مصمم.

شاه می گی که ما به اندازه کافی قاطع و مصمم نیستیم؟

فردوس نشان دادن این قاطعیت به ملت مهمتر از هرچیزی ست.

شاه شاید اگه زیاده روی بکنیم ملت خیال بکنه که ما داریم می شیم یک دیکتاتور؟ ما نمی خوایم بشیم یک دیکتاتور. اصلن شیوه دیکتاتوری مناسب حال این مملکت نیست. هست؟

فردوس آه اگه اعلیحضرت از دل این مردم خبر داشتند و می دونستند که چطور شیفته دیکتاتور هستند اینها و چه ذوقی می کنند از تماشای رهبران دیکتاتور!

شاه شک دارم. در واقع من برای این مردم ارزش و احترام بیشتر قائلم.

فردوس احترام و ارزش این مردم وقتی تامین می شه که امنیت داشته باشند و همین دیکتاتوری به اونها بهترین امنیت را می ده.

شاه امنیت. همین را ما برای این ملت خواهانیم. بهترین امنیت در سایه رهبری ما. اما تا وقتی قانون اساسی اونهمه اختیارات داده به مُشتی مردان مشکوک الحال با عنوان نماینده مجلس، چطور می شه از وجود این امنیت برای این ملت مطمئن بود. اگه موریانه های سرخ با داس و چکش نفوذ بکنند داخل این مجلس چه؟ تو هم یادت باشه که ما برای جلب همدلی غربی ها از همین عبارت استفاده می کنیم. حمله موریانه های داس و چکش به دست. به قصد ترساندن غربی ها.

فردوس غربی ها مطلع از تصمیمات اعلیحضرت هستند و یقین که همدلند با ایشان.

شاه کار آسانی نیست مگر که مردم بازهم نزدیکتر بشن به سلطنت.

فردوس اتفاقن در یک جلسه خیلی خیلی محرمانه تر مطرح شد که اگر مردم باور بکنند که جان اعلیحضرت در خطره و دشمن قصد حذف ایشان را داره، اونها بازهم نردیکتر می شن به سلطنت.

شاه چطور؟

فردوس برای مثال اگر یک سوقصد انجام بشه به جان ایشان محبوبیت اعلیحضرت بالاتر می ره بین این مردم. اگه فقط یک کسی بیاد به قتل اعلیحضرت اقدام بکنه و تیر بندازه بطرف ایشان.

شاه یک شخص بیاد تیر بندازه بطرف ما؟ چه ترسناک.

فردوس یک ترور نافرجام نه جدی. مکث. نه. جدی که نیست.

شاه جدی تر از ترور و هلاک شدن با گلوله سُربی دیگه چه هست در این دنیا؟

فردوس جدی ترین کلام ارتش شاهنشاهی کشور امروز مراقبت است از جان اعلیحضرت.

شاه توسط چه کسی قرار بوده انجام بشه این ترور غیر جدی نافرجام؟

فردوس یک شخص معلوم الحال که در زمان سوء قصد همه مدارک شناسایی لازم را در جیب خودش داره و بعد از هلاکت او همه اونها بیرون ریخته می شه و طرف رسوا می شه پیش روی ملت.

شاه اگه گلوله راستکی به من اصابت بکنه چه؟

فردوس گلوله راستکی فقط اصابت می کنه به خود شخص قاتل؟

شاه قاتل؟!

فردوس او که می خواسته قاتل باشه.

شاه از کجا پیدا می کنید این شخص قاتل را؟

فردوس جسارته اما پیدا کردن اشخاصی که آرزوی کُشتن اعلیحضرت را دارند کار سختی نیست در این کشور پهناور. اینجور که در جلسه مطرح شد.

شاه نه. من می ترسم.

فردوس فرمانده های ارتش عاشق اعلیحضرت هستند و هرگز نمی ذارند حادثه ناگواری برای ایشان پیش بیاد. پُر واضح به نفع اونها هم هست که اعلیحضرت همچنان در قدرت باشند.

شاه نه. حالا نه.

فردوس پس بنده به افراد می گم که اعلیحضرت به زمان بیشتر برای فکر کردن نیاز دارند.

شاه به زمان بیشتر برای فکر کردن و پیدا کردن راه چاره برای اینهمه مشکلات مملکت. بگو به فکر چاره باشند که کشور توسط یک مُشت یاغی بی پدر و مادر صد تکه نشه. هر گردن کُلفت بی هویت در هر گوشه این کشور به فکر تجزیه کشور هست. این موضوع مهم هست امروز. باید فکر بکنیم به یافتن یک راه حل سیاسی اساسی که مردم را باهم متحد بکنه علیه تکه پاره شدن مملکت.
حالا هم دیگه من درد دارم. تو مُلتفت شدی که من درد دارم؟ باید استراحت بکنم.

فردوس بنده فرمایش اعلیحضرت را به افراد منتقل می کنم. *شاه با علامت دست به او اجازه خروج می دهد. فردوس تعظیم می کند و بیرون می رود.*

شاه *یک قرص از جیب درآورده در دهان می گذارد و می رود بطرف بار و کمی مشروب در لیوان می ریزد و می نوشد.* من می گم اگه هرکس کاری را که باید درست انجام بده دیگه حاجت به وجود دیکتاتور نیست. *می نوشد.*

شری *آرام می آید.* مردم همین را خواهانند. یک دیکتاتور با قدرت. مردم چه می دونند دمکراسی چیه. زود یادشان می ره به چی رای دادند. عاشق شکوه و

عظمت سلطنت هستند این مردم. از هرج و مرج در مملکت بیزارند. مایلند خودشان باشند با یک نفر، با پادشاه محبوب.

شاه تو مطمئنی که من محبوبم؟ مطمئنی که مردم من را دوست دارند؟

شری خیلی زیاد.

شاه تو از کجا می دونی؟ بین مردم این مملکت نیستی که تو. حشر و نشرت بیشتر با دوستان فرنگی هست. اهل فرنگ که خبر نداره از اینجا.

شری اتفاقن اعلیحضرت برادر بین فرنگی ها محبوبیت مخصوص داره. از عاشقان سینه چاک ایشان حرف نمی زنم فعلن.

شاه حرف نزن چون باور نمی کنم.

شری می خندد. می دونستم که اعلیحضرت باور نمی کنه، برای همین یکی از اون عاشقان سینه چاک را با خودم به اینجا اوردم که ایشان باور بکنه.

شاه کی؟ کجا هست؟

شری توی تالار انتظار نشسته ساعت هاست، به قصد دیدار. این دختر زیبا و با وقار انگار لیاقت ملکه بودن را داره برادر. باید دید. بریم ببینیم کی هست این خانم خوشبخت.

شاه اهل کجا هست؟

شری نیم ایرانی نیم جرمنی.

شاه چه خوب! جرمنی!

شری همانطور که تمرا توی فنجان قهوه اعلیحضرت دیده بود.

شاه تمرا یک دختر جرمن توی فنجان قهوه من دید؟

شری یک پری دریایی چشم آبی. به یاد نداره اعلیحضرت؟ *و می خندد.* من که به یاد دارم. *شاه با کنجکاوی به دنبال شری می رود.*

صحنه هشتم

دروازه بیرونی حیاط کاخ. صبح.

گروهی از مردان دربار صف بسته منتظر آمدن شاه هستند. در سوی دیگر گروهی از افراد ارتش و محافظان به حالت آماده باش ایستاده اند. همه افراد منتظر فرمان حرکت هستند. فردوس می آید مقابل دیگران می ایستد و با صدای بلند اعلام می کند.

فردوس اعلیحضرت جهت انجام مراسم سالانه سالگرد افتتاح بزرگترین دانشگاه کشور به محل مربوطه عزیمت می کنند. ارتش وظیفه محافظت از ایشان را به عهده دارد. همه افراد حاضر در هر پُست و مقام وظیفه دارند با همه قوای خود مراقبت کنند از جان اعلیحضرت. آقایان به یاد داشته باشند که ما همه فداییان اعلیحضرت هستیم. دشمن باید از روی اجساد یک به یک ما بگذره اگر خیال دسترسی به اعلیحضرت ما را دارد. دشمن اما هرگز دست نخواهد یافت به اعلیحضرت تا وقتی ما فداییان ایشان زنده هستیم. *با صدای بلندتر.* جاوید شاه.

جمعیت جاوید شاه.

فردوس اعلیحضرت تشریف فرما می شوند. *شاه سی ساله ظاهر می شود و بسوی اتومبیل مخصوص حمل او می رود.*

صحنه نُهم

حیاط دانشگاه. ادامه همان صبح.

چند مرد محافظ وارد می شوند و اطراف را با دقتورانداز می کنند. محل اتفاق مقابل پلکان دانشکده است. شاه در محافظت دیگران به حیاط دانشگاه می آید. بسوی پلکان می رود. او لبخند می زند و برای مردم و برای عکاسان دست تکان می دهد. پا بر پلکان نهاده بالا می رود. شاه روی پله سوم است که ناگهان یکی از عکاسان یک تپانچه از جیب بیرون می کشد و بطرف او تیراندازی می کند. شاه می افتد روی زمین. نظامی ها عکاس را به رگبار مسلسل می بندند و او را می کُشند. چند نفر شاه زخمی را از محل حادثه به داخل یک ماشین آمبولانس منتقل می کنند. صدای دور شدن امبولانس ها. مردم از محل بیرون می روند. دو مامور جسد عکاس را بر زمین کشیده و می برند. صدای نزدیک شدن ماشین های پلیس.

صحنه دهم

ساختمان اداره رادیو. شب.

اتاق محل ضبط و پخش صدا. یک مرد که فرمانده ارتش است مقابل میکروفن رادیو ایستاده آماده شروع سخنرانی است. صدابردار به او اشاره می کند که شروع بکند.

یک فرمانده ارتش *نوشته ای را می خواند.* ملت شریف! به چشم باز خود شاهد بودید که در این توطئه کثیف دشمن نتوانست آسیبی بجز چند زخم سطحی به اعلیحضرت برساند اما تحمل حضور این فرقه های کمونیستی بیگانه پرست در این کشور به سر آمده به فرمان اعلیحضرت ملت از فساد این آشوبگران در لباس روشنفکر شاکی ست به فرمان اعلیحضرت دستور بازداشت همه سران این فرقه های توطئه چین خرابکار و تعطیل باشگاه های محل فتنه آنان صادر شده و مجازات آنان آویختن به چوبه دار و حبس طولانی در سیاهچال هاست به فرمان اعلیحضرت ارتش و سازمان امنیت کشور با استفاده از همه قوا تا سوزاندن آخرین ریشه پس مانده فساد سرخ در این مرز و بوم به برپایی چوبه های دار ادامه خواهند داد. جاوید شاه. *ناگهان اتاق در تاریکی فرو می رود.*
چی شده؟!

صدای یک مرد باز برق رفت تیمسار.

صحنه یازدهم

تالاری در کاخ. صبح.

پیشخدمت درحال باز کردن پرده های تالار است. نور صبح به درون می آید. ملکه مادر وارد می شود. برای شاه یک فنجان قهوه آورده است. شاه هنوز دیده نمی شود.

ملکه مادر دشمن خیال کرده با چندتا گلوله سُربی می تونه نگاه پروردگار عالم را به این مملکت عوض بکنه؟ مملکتی که شاه اون نظر کرده اعمه اطهاره چه ترسی داره از زخم دشمن زبون؟ دیدید که چطور خود دشمن رسوا شد.

شاه *آرام وارد می شود. یک دستش باند پیچی شده آویخته به گردنش. یک تکه پارچه سفید به نشانه زخمی گوشه لب دارد.* گلوله ها راستکی بودند.
فنجان قهوه را از مادر می گیرد.

ملکه مادر دشمن از خفت و خواری بود که گلوله راستکی در کرد مادر جان.

شاه قرار نبود. *قهوه می نوشد.*

ملکه مادر قراری نیست، وقتی خدای واحد نپسنده دیگه قرارمدار دشمن مالیده هست به کُلی.

شاه یک دشمن واقعی بود.

ملکه مادر دشمن اگه دشمن باشه واقعی و خیالی ش باهم فرقی نداره مادرجان.

شاه خیالی نبود.

ملکه مادر من می رم قدح شربت به لیمو بفرستم برای اعلیحضرت بیارند تا سر بکشند و جگرشان خنک بشه بعد از این قهوه داغ. *می رود.*

شاه شربت را نده به دست کسی بیاره. خودت برام بیارش بی زحمت.

شری *وارد می شود.* استقبال مطبوعات از فرمان اعلیحضرت به حکومت نظامی جهت برقراری امنیت به جای هرج و مرج.

شاه آتش هرج و مرج خاموش نمی شه مگر همه ی قدرت بشه از آن سلطنت.

شری همه چیز مهیاست. معطل چه هست اعلیحضرت؟ مطبوعات منتظر طبع اخبار مربوط به این جابجایی قدرت هستند.

شاه فرمان تشکیل مجلس موسسان را صادر می کنیم.

شری بعد امنیت کامل در سایه فرمان شاه. این هست خواست قلبی ملت. ورود کمپانی معتبر جهانی جهت عقد قرارداد مهم نفتی. سیاست عاقلانه اعلیحضرت. قدرت و پول ملت در دستان امین پادشاه محبوب که قراره بزودی شخص مهمی را ملاقات بکنه.

شاه کی؟

شری یک معلم رقص. *فنجان قهوه را از شاه گرفته بر میز می گذارد بعد دست شاه را که به گردن آویخته از داخل پارچه سفید درمی آورد. حالا هردو دست های او را گرفته و چسبیده به او آماده رقصیدن است.* در جشن عروسی اعلیحضرت همه باید برقصند. *با علامت دست به جایی فرمان پخش موسیقی می دهد. موسیقی نواخته می شود و شاه هم به رقصیدن تشویق می شود. آن دو همراه با موسیقی درحال پخش می رقصند. شری رقص را هدایت می کند.*

صحنه دوازدهم

تالار بزرگ کاخ. شب.

یک سال بعد. زنان و مردان با لباس های رنگارنگ گرانقیمت خود وارد می شوند. موسیقی نواخته می شود. همه خوشحال هستند. مجلس عروسی شاه با همسر دوم او سارا است. عده ای می رقصند. عده ای می نوشند. یک رختخواب به محل آورده می شود. شاه و سارا که یک زن جوان است، نیمه برهنه در رختخواب درحال عشقبازی هستند. صدای فریاد شهوانی زن شنیده می شود. میهمانان مدتی در سکوت گوش می دهند به صدا. صدای چند شلیک تیر تفنگ از فاصله دور به گوش می رسد. میهمانان فرار می کنند و از تالار خارج می شوند. شاه ترسیده از رختخواب بیرون می پرد.

سارا چی شد؟

شاه نشنیدی؟ صدای شلیک اسلحه بود. *از زیر بالش خود یک تپانچه بیرون می کشد.*

سارا اما دور بود انگار صدا. دور نبود؟

شاه دور بود اما از صداهای دور بیشتر باید ترسید. گاهی صدای گلوله از راه دور مخوف تر شنیده می شه، ترسناکتر از صدای گلوله های نزدیک. از اونجور صداهای دور بود که می خواد نزدیک بشه. نزدیکتر شد. شنیدی.

سارا من شنیدم که تمام شد. حالا دیگه برگرد به رختخواب اعلیحضرت. *دو مرد می آیند و تختخواب را می کشند و آرام می برند بیرون. شاه هنوز تپانچه به دست ایستاده است. سارا نشسته بر رختخواب از محل بیرون برده می شود و در همان حال دست بطرف شاه دراز می کند.* بیا! *اما تختخواب و سارا از محل خارج شده اند.*

شاه شرط عاقلی احتیاط هست. مردم این کشور هنوز متمدن نشدند. اعتماد به مردم نامتمدن عاقلانه نیست. مردم نادان و بی خبر از همه جا. میلیون ها روستایی، حاضر و آماده برای گول خوردن. *با عجله بیرون می رود.*

صحنه سیزدهم

اتاق کار شاه. صبح.

فردوس به اتاق می آید. مقداری مجله و نامه روی میز شاه می گذارد. بعد می رود و پرده های اتاق را باز می کند و نگاه به بیرون می اندازد و منتظر می ماند.

شاه *شاه درحال بستن دکمه های کُت وارد می شود.*
باز خبر بد داری فردوس؟ اخبار بد مثل ابرهای کدر زندگی من را سیاه کردند. تو هم ابری به این سیاهی اضافه کن. کار از کار گذشته. بگو.

فردوس امروز اما حال جسمانی اعلیحضرت خوب به نظر می رسه.

شاه از امور مملکت بگو. گفتی باز خبر بد داری. می خواستی از یک فاجعه دیگه حرف بزنی.

فردوس خوشبختانه اخبار خوب دارم بنده امروز.

شاه باور نمی کنم؟ سکوت. بگو پس.

فردوس کنترل از دست نیروهای امنیتی و قوای ارتش خارج نشده هنوز.

شاه پس قراره که کنترل از دست نیروهای امنیتی و قوای ارتش خارج بشه به زودی؟

فردوس هرگز.

شاه مطمئنی؟ مطمئن نیستی.

فردوس اطمینان بنده از اطمینان مردان پیر با تجربه در امر سیاست میاد. بنده همنظرم با اونها، همنظرم با ملت، این ملت حامی سلطنت.

شاه پس چرا ما با شما هم نظرم نمی شیم؟ نمی تونم فردوس. چرا؟ چرا نمی تونم مثل شما من هم خودم را گول بزنم. باید بزنم. باید به خودم تلقین بکنم که خطری در پیش رو نیست و همه چیز در امن و امان هست. باید نهایت سعی ام را بکنم.

فردوس از چه اینجور خوف کردند اعلیحضرت؟

شاه صداهای بدجور می شنوم در اطراف دور و نزدیک. شلیک سلاح گرم.

فردوس اون شلیک ها از اون سلاح های گرم در شب تار که دلیل داشت.

شاه البت که دلیل داشت. برای هر چیز دلیلی هست. خب دلیل برای شلیک گلوله چه هست جز کُشتن اشخاص دیگه و برپایی یک بلوای تازه دیگه.

فردوس اون شلیک ها اما از اون سلاح های گرم فقط سوئ قصدی بود به جان صدراعظم.

شاه خب چه شد؟ مُرد یارو؟ باز هم ترور؟ خواب شب هام با کابوس ترور سر می شه و در روز روشن هم تو برای ما خبر از ترور میاری. نمی خوام بشنوم.

فردوس اون حادثه فقط ابتدای تدارکی بود برای سوئ قصد اما عملیات سوئ قصد انجام نشد.

شاه چرا؟

فردوس چون افراد گروه ترور تا آخرین لحظه به تفاهم یگانه نرسیدند که صدراعظم کی و کجا باید ترور بشه. گلوله هایی اما در شد. از جانب کی و کجا، کسی پی نبرد. چندتا شلیک بود مثل انبوه شلیک هایی که همیشه در فضای شهر شنیده می شن. اعلیحضرت درست شنیدند. نیت سوئ قصد و انجام ترور بود اما خود عملیات ترور انجام نشد، فقط به دلیل ناهماهنگی دشمن.

شاه اگر عملیات ترور انجام نشد پس شما چطور با خبر شدید از اون تدارک برای سوئ قصد و ترور؟

فردوس ما از همه چیز باخبریم. این شغل ما هست. بوییدن خطر از راه دور فرسنگ ها دور از جان اعلیحضرت. با خبریم از همه چیز.

شاه پس شما لابد با خبرید که چرا هیچکس از این صدراعظم جدید راضی نیست. چه هست ایراد سیاست او؟ می گه طرح های تازه داره برای سروسامان دادن به وضع دولت. درست می گه؟

فردوس وای بر سیاست غلط. یک ملت در مقابل قحطی و گرسنگی مقاومت می کنه اما سیاست غلط از جانب یک سیاستمدار مملکت می تونه مقاومت ملتی را درهم بریزه. وای بر ملتی که سیاستمدارانش سیاست غلط پیشه کنند.

شاه شاید دلیل سیاست غلط از جانب صدراعظم های ما این هست که اونها زود به صحنه می آیند و زود از صحنه بیرون می رند. اصلن چرا همه صدراعظم های ما جدید می آیند و جدید می رند؟ مشکل کار کجاست؟ مُقصر که هست؟

فردوس بدون شک اعلیحضرت مُقصر نیستند.

شاه پس که مقصر هست؟

فردوس اونها خودشان ترور می شن.

شاه خودشان؟

فردوس توسط دشمن.

شاه ترور ساختگی. دشمن تقلبی.

فردوس ترور صدراعظم قبلی تقلبی نبود. اون یارو کُشته شد، مُرد.

شاه چقدر صدراعظم کشته می شه در این مملکت! تو به یاد داری تا به حال چندتا صدراعظم ترور شده؟

فردوس اولی که نبود.

شاه آخری هم نخواهد بود. همین را می خواستی بگی.

فردوس همینطوره.

شاه جُرمش چه بود اون یارو صدراعظم قبلی؟

فردوس مخالفت با ملی شدن صنعت نفت ذکر شده.

شاه از جانب کی و در کجا ذکر شده؟

فردوس در اعلامیه های پخش شده از جانب گروه ترور کننده.

شاه پس موضوع ملی کردن صنعت نفت داره جدی می شه. دیگه نمی شه جلویش را گرفت. اصلن چرا باید جلوش را گرفت؟

فردوس احسنت. به عقیده اهل سیاست بهتره اعلیحضرت موافقت بکنند که بانی این طرح باز بیاد سر کار و دومرتبه در مقام صدراعظم برنامه کار خودش را در دولت جدید دنبال بکنه.

شاه اون روباه پیر؟ بیاد بنشینه پشت میز صدراعظمی؟ نه. حالا نه.

فردوس صندلی او در مجلس مُحکم شده. نماینده ها زود به او رای اعتماد می‌دهند. اینطور که بوش میاد.

شاه آخه ما از او بدمان میاد.

فردوس ما اعلیحضرت؟

شاه شری و من. اون پیرمرد خودخواه خودنما آبروی ما را بُرده پیش بریتانیایی ها. همدست کمونیست ها هست و مخالف سلطنت. به فکر مردم نیست. شهوت سیاسی مهمتر هست برای او. مردک جاه طلب. شری بهتر می دونه از احوال اون مرد پیر.

فردوس خاطر اعلیحضرت از بابت اون مرد پیر جمع باشه، جرات مخالفت با سلطنت نداره. اگر هم به کمونیست ها نزدیک بشه مذهبی ها از او ناامید می شن. از اینسو نمی خواد تنها بشه، از اونسو با همه کس روی یک جاده راه نمی ره.

شاه انگلیسی ها بدشون میاد از این مرد مرموز.

فردوس چه بهتر. چون به مرموزی خود اونهاست.

شاه گفتم اونها از او بدشون میاد.

فردوس بخاطر این که می دونند علم کردن طرح ملی شدن صنعت نفت کار او بوده.

شاه پس چه باید کرد حالا؟

فردوس صندلی این روباه پیر در این مجلس مُحکم شده. باید گفت متاسفانه.

شاه پس تو مطمئنی که درحال حاضر او بهترین شخص هست برای اداره دولت؟

فردوس از طرف دیگه اگه یارو دومرتبه بیاد سرکار و مدتی رئیس دولت باشه اونوقت بهتر می شه برای خلاص شدن از شرش چاره پیدا کرد.

شاه برای همیشه؟

فردوس اعلیحضرت می تونند امیدوار باشند بهرحال. زمانش خواهد رسید.

شاه خب اگر تو مطمئنی که یارو مُشکل پیش نمیاره، ما هم از صدارت او حمایت می کنیم. به او و دولت او یک فرصت دیگه می دیم.

فردوس پس بنده می رم مقدمات کار را فراهم بکنم. *فردوس می رود.*

شاه *تنها می ماند.* سیاست! چه کلاف سردرگُمی! چه گُه گیجه اسفناکی! *بطرف بار می رود و مشروب می نوشد.*

ملکه مادر *وارد می شود.* چه شده که قبله عالم تنها و غمگین هستند؟

شاه تنها و غمگین هستم.

ملکه مادر در این شب عزیز؟ شبی قبل از تولد امام هشتم؟ مولودی ی امام رضاست فردا؟ باید همه شاد باشند امشب و فردا شب. *رو می کند به افراد بیرون و با صدای بلند فرمان می دهد.* مجلس جشن و سرور برپا کنید. مُطرب بیارید ساز بزنه. تیاتر تخت حوضی راه بندازید. شب مولودی امام هشتمه. شب مبارک علی بن موسی الرضا.

صحنه چهاردهم

تالاری در کاخ. شب.

در گوشه ای یک صحنه برای تاتر روحوضی درست شده. پرده صحنه باز است و مردی در صحنه ویلن می زند. ریتمی تند می نوازد و می کوشد صدای مُضحک از ساز خود دربیاورد. افراد دربار بر صندلی های چیده شده دور صحنه تیاتر روحوضی نشسته اند. مردی در لباس و هیبت هیتلر وارد صحنه می شود. ویلن زن خارج می شود.

هیتلر مبارک!

مبارک *مردی که نوکر است به صحنه می دود.* در خدمتم جناب رایش سوم.

هیتلر احمق بازم رفته بودی روی دیوار خونه مردم که زن همسایه را دید بزنی؟

مبارک جناب رایش سوم شما که دیگه دیوار آباد نذاشتید توی این دنیا که آدم بره بالاش و زن همسایه را دید بزنه. همه جا شده خرابه. ما رفته بودیم پشت خرابه گلاب به روتون شاش بکنیم به ارواح اجداد شما.

هیتلر خفه شو مبارک. حالا لازم نیست بخاطر یک قسم ناقابل ارواح اجداد ما را پایین بیاری. حالا به فکر چاره باش مبارک. دشمن داره از راه می رسه. اگه دشمن بیاد و ما را در اینجا دستگیر بکنه چوب می کنه توی آستین ما.

مبارک دشمن غلط کرده. پدر پدر سوخته ش را در میاریم جناب پیشوا.

هیتلر مبارک! حرف مُفت چرا می زنی؟ تو مثلن مشاور اول ما هستی. همین مُزخرفات را بافتی که دشمن تونست بیاد و همینجور الکی افراد ما را شکست بده و خود ما را هم آواره بکنه. اشخاصی مثل تو و مثل همان دور و بری های بی خاصیت ما. یالا زود باش یک جایی را پیدا کن که ما بریم پناهنده بشیم و مجبور نشیم خودکشی بکنیم.

مبارک جناب رایش سوم بینی بین الله شما خودتان شنیدید که ما به هر مملکتی تلفن زدیم که به شما پناهندگی سیاسی بدن همه گفتند بگو بره پناهنده بشه به جهنم.

هیتلر پس ما چکار بکنیم؟ می خواستیم همه دنیا را فتح بکنیم که نشد. یاران به ما خیانت کردند. حالا هم دشمن داره از راه می رسه که ما را اسیر بکنه. راهی نداریم غیر از خودکشی. زودتر به یکی تلفن بزن. گریه می کند.

مبارک گریه نکن جناب پیشوا. در این شب جشن و پایکوبی مسلمانان خوب نیست که گریه بکنید. مومنین خدا خوشحال هستند. آخه شب تولده امشب.

هیتلر شب تولد کیه مگه امشب؟

مبارک شب تولد امام هشتم، علی بن موسی الرضاست جناب پیشوا.

هیتلر خب پس به امام هشتم تلفن بزن. به علی بن موسی الرضا تلگراف بفرست. از اونها کمک بخواه.

مبارک *ادای تلفن زدن درمی آورد.* الو الو. جناب امام هشتم علی بن موسی الرضا؟ خودشان تشریف ندارند؟ کی برمی گردند؟ هیچوقت؟ آها ایشان به رحمت ایزدی پیوستند. حیف. چطور این دوستان به ما خبر ندادند؟ حتی یک تلگراف برای ما نفرستادند؟ مکث. ده؟ اون موقع هنوز تلگراف اختراع نشده بود؟ مگه ایشان کی به رحمت ایزدی پیوستند؟ هزار سال پیش؟ آخی. خدا رحمتشان بکنه. علت تلفن زدن ما چیه؟ والا می خواستیم ببینیم که جنابعالی جناب پیشوا رایش سوم را می شناسید؟ جدی؟ خیلی هم به ایشان ارادت دارید؟ بخاطر اقدامات خیرخواهانه ایشان؟ پس چه عالی. خب راستش جناب پیشوای ما از شما درخواست پناهندگی سیاسی دارند. جدی؟ چه خوب. خدا عمرتان بده. یک شرط داره؟ چه هست این شرط؟ که مسلمان بشه؟ *هیتلر با تکان دست به مبارک علامت می دهد که شرط را قبول دارد.* باشه اشکال نداره. جناب پیشوا مسلمان می شن. خب حالا باید چیکار بکنند؟ اول باید چندبار تکرار بکنند لا الله الاالله؟ به *هیتلر.* خب بگو جناب پیشوا. *هیتلر چندبار تکرار می کند با لهجه غلیظ آلمانی.* خب این از این. کار دوم که باید بکنه. ختنه؟ به *هیتلر.* آقای امام هشتم می خوان بدونند که شما ختنه شدید یا خیر. *هیتلر ترسیده دو دست بر کیر خود می گذارد. مبارک ادامه می دهد.* بله بله. ما حالا خودمان جناب پیشوا را یک تفتیش بدنی

می کنیم، اگه ختنه شده باشند که چه بهتر، وگرنه که باید یک قصاب پیدا کنیم بیاد ترتیب کار را بده. بله. پس به زودی خدمت می رسیم. *مکالمه تلفنی تمام می شود.* خب جناب رایش سوم! شما خودتان شنیدید که شرایط پناهندگی سیاسی به اون مملکت چیه.

هیتلر ما که ختنه نشدیم.

مبارک پروایی نیست. همین الساعه بنده می رم یک قصاب از پایین شهر پیدا می کنم تا بیاد همین جا و ترتیب کار را بده.

هیتلر گفت که حتمن باید این کار بشه؟

مبارک ترس به جانتان راه ندید. با یک تیغ کوچولو به اندازه یک بند انگشت از سر دودول جناب پیشوا را می پرونند، فقط همین. شما همین جا تشریف داشته باشید بنده الساعه برمی گردم. خاطر شما جمع. *مبارک می رود. هیتلر دست به کیر و ترسیده قدم می زند. مبارک برمی گردد.*
قربان این تنها قصابی بود که هنوز توی این شهر مانده. *یک مرد یهودی درشت بلند بالا در لباس کامل مذهبی به صحنه می آید. یک ساطور بزرگ در دست گرفته است. هیتلر با دیدن مرد و ساطور او ناگهان غش می کند و نقش بر زمین می شود. مبارک دست تکان می دهد و رو به تماشاگران می کند.* می بخشید حضار گرامی. این جناب پیشوای بزرگ رایش سوم قُرمساق ما هم که باز غش کرد. *ویلن زن به صحنه می آید درحال نواختن. نمایش تمام شده. حضار با خنده و کف زدن بازیگران را تشویق می کنند. حضار آرام محل را ترک می کنند.*

ملکه مادر *یکی از مستخدم ها را می کشد کنار و در گوش او به آرامی حرف می زند.* زودباش برو به سردسته این گروه نمایش تخت حوضی بگو دیگه از اینجور تیاترها درباره آقای هیتلر درنیارند. بهش بگو که برعکس ایشان خیلی هم مرد با دل و جراتی بود. من خودم شخص آقای هیتلر را ملاقات کردم و می دونم که چه شخص نترسی بود. برو بگو.

مستخدم دربار اطاعت می شه شاه بانو. *مستخدم می رود.*

ملکه مادر *درحالیکه تالار را ترک می کند به مستخدم ها فرمان می دهد.* بجُنبید این آت آشغال ها را جمع بکنید از وسط تالار.

صحنه پانزدهم

تالار رقص در کاخ. شب.

عده ای زن و مرد درحال رقصیدن هستند. موسیقی غربی نواخته می شود. یک ترانه آرام در فضایی آرام و نیمه تاریک.

صحنه شانزدهم

ایوان حیاط. عصر.

شاه و شری در ایوان. آنها سی و چهار ساله هستند. یک عصر داغ تابستان در فضای باز. میزی مقابل آنها است. چند بطری مشروب و چند لیوان روی میز است.

شری من نمی دونم این مردم عقب افتاده از چه چیز این مرتیکه پیر مریض الحوال خوششان میاد. این یارو که نا نداره راه بره و دائم خوابیده زیر لحاف خانه ش. عجیب بود که اعلیحضرت سال گذشته از او دعوت کرد که باز بیاد و سررشته امور دولت را به دست بگیره. خب حالا خود اعلیحضرت داره نتیجه اون اقدام نادرست را می بینه. به چشم خودش می بینه که یارو داره چه گندی می زنه به مملکت!

شاه من فکرش را نمی کردم وقتی پُست صدارت را بگیره اینجور بازی در بیاره. گفته بودند مرد با معلوماتیه در سیاست. گفته بودند فهمیده ست در امور اقتصاد. یک سیاستمدار مردم دار با تجربه. مطمئنم که با سلطنت مخالف نیست اما مطمئن نیستم که چه مرگش هست و چه می خواد از جان ما.

شری همیشه مرموز و خطرناک بوده.

شاه نمی تونه خطری پیش بیاره.

شری بعد از اینهمه آشوب و خطر که راه انداخته توی این مملکت چطور هنوز می تونه بی خطر باشه؟
اعلیحضرت هنوز جدی نگرفته خطر این مرد شوم را.
مردک با پُرروییی خط می فرسته که اجازه بدید وزیر جنگ توسط صدراعظم انتخاب بشه، یعنی اینکه شاه بشه یک مترسک سر خرمن، بدون هیچ، کلاغ ها بیایند برینند روی سر اعلیحضرت و برند، دور از جان.

شاه کلاغ ها توی همه کاخ ها رفت و آمد می کنند و همینجور دارند می رینند به همه جا و همه چیز بهرحال.

شری نه به سر اعلیحضرت، نه به روی سلطنت.

شاه گُه خورده بخواد برینه به سلطنت. کی؟ اون پیرمرد می خواد برینه به سلطنت ما؟ غلط کرده. ما نمی ذاریم.

شری پس کاری باید کرد.

شاه اصلن به فردوس می گیم بفرسته دنبال تیمسار زاهد بیاد ببینیم او چه می گه.

شری احسنت به اعلیحضرت برادر.

شاه چه شد که به یاد او افتادم؟ کی بود او را پیشنهاد کرد؟

شری این ماموریت فقط مناسب حال همان تیمساره که بیاد و اونجور که خودش بلده با آدم هاش این گره کور را باز بکنه و فیصله بده به این خرابکاری ها. بسه دیگه دلم گرفت از این هرج و مرج. مکث. اما اون تیمسار بدبخت هم که رفته گوشه ای مخفی شده انگار.

شاه مخفی شده چون که صدراعظم دومرتبه حکم جلب او را صادر کرده. اگه باز گرفتار بشه باز او را به حبس می فرستند.

شری پس پیدا کردنش آسان نیست.

شاه سخت هم نیست. فردوس می دونه که محل مخفیگاه او کجا هست. می تونه او را بیاره به کاخ. باید او را خبر بکنیم اما نه به این زودی البته.

شری اعلیحضرت معطل چه هستند؟

شاه باید مراقب بود. بی احتیاطی ممکنه کار را خراب تر بکنه. به این طرح بیشتر فکر می کنیم. به خودمان فرصت کافی می دیم برای فکر کردن.

شری ما فکرهامان را کردیم برادر. بقول اعلیحضرت کلید این در بسته در دست اون تیمسار بازنشسته ست، اون سرباز پیر.

شاه به قول من!؟

شری درسته که او پیره اما خون نظامی در بدنش داره هنوز. استاده که چطور باید فرمان شاهانه را اجرا بکنه. اجرای فرمان بدون پرسش، بدون تردید. کُشتن برای او یک کار معمول و یک شُغل ساده ست. *یک گیلاس مشروب به شاه می دهد و هردو باهم می نوشند.*

شاه تیمسار بدجور از صدراعظم عصبانی شده.

شری پس او هم الان داره دنبال چنین فرصتی می گرده. فرصتی که حالا اعلیحضرت داره به او می ده. از این بهتر نمی شه. *گیلاس مشروب خود را به گیلاس شاه می زند و هردو می نوشند.*

صحنه هفدهم

اتاق کار شاه. صبح.

تیمسار زاهد، یک مرد شصت و پنج ساله در لباس نظام در اتاق ایستاده است.

مستخدم دربار *می آید با یک سینی و استکان چای.* اعلیحضرت اطلاع دارند که شما اینجا هستید تیمسار.

تیمسار زاهد *استکان چای را برمی دارد.* منتظر ایشان می مانم. مستخدم می رود.

فردوس *وارد می شود.* اعلیحضرت الساعه تشریف فرما می شن تیمسار. جنابعالی خسته که نیستید؟

تیمسار زاهد نخیر. خسته نیستم.

فردوس با اینهمه مقاومت و تلاش که در جنابعالی هست اصلن فکر نمی کنم خستگی به سراغ شما بیاد.

تیمسار زاهد خستگی میاد اما تا می بینه که جایی براش نیست خودش برمی گرده و می ره.

فردوس احسنت. چه حرف معقولی. ما جوانترها باید بیاییم از شما چنین درس هایی بگیریم. این مملکت اگه اشخاصی مثل شما نداشت چکار می کرد؟

تیمسار زاهد ما فقط یک خدمتگزاریم و هرچه که صلاح این ملت و این سلطنت باشه انجام می دیم.

فردوس و نامردان بخاطر همین وفاداری و خدمتگزاری شما به ملت و به سلطنت، جنابعالی را به حبس می اندازند.

تیمسار زاهد یک وطن پرست واقعی باید که زخم این حبس ها و این شکنجه ها را به تن بخره. گاهی چاره ای نیست جز تحمل حبس و شکنجه.

فردوس اما با این تدبیر تازه ی اعلیحضرت، من به شما قول می دم که دوره حبس و شکنجه دوستان به سر اومده و نوبت به حبس و شکنجه دشمنان رسیده.

تیمسار زاهد به یاری باری تعالا.

فردوس اعلیحضرت تشریف اوردند. *تیمسار استکان چای را با عجله بر میز می گذارد و لباس خود را مرتب می کند.*

شاه *در لباس نظام وارد اتاق شده بطرف تیمسار می رود و دست بسوی او دراز می کند.* خوش آمدید تیمسار.

تیمسار زاهد *دست شاه را می گیرد و آن را می بوسد.* بنده جانثار در خدمتم.

شاه دو کار مهم باید انجام بشه توسط شما. ما در مقام پادشاه کشور اونها را به شما ابلاغ می کنیم.

تیمسار زاهد با گوش دل همراهم با اعلیحضرت.

شاه اول که این آقای صدراعظم فعلی زیادی کار کرده و خسته شده و کهولت سن هم توان درست فکر کردن را از ایشان گرفته. پس بهتره بخاطر رفاه حال جسمانی خودش و رفاه حال روحی این ملت ایشان هرچه زودتر از صحنه سیاست کنار بکشه.

تیمسار زاهد بنده زبان ایشان را خوب بلدم.

شاه ما می خواهیم او یکجوری بره که رفتنش درس عبرت بشه برای هواداران او. جرات حمایت از او باید به کُلی گرفته بشه از مردم.

تیمسار زاهد بله اعلیحضرت.

فردوس کاری را که اعلیحضرت فقید باید می کردند و نکردند، البته بنا به دلایلی، حالا اعلیحضرت عصر ما دارند انجام می دند.

تیمسار زاهد به یاری پروردگار.

شاه *بطرف میز کار خود رفته و دوتا برگه کاغذ از کشو میز بیرون کشیده می آورد و یکی از برگه ها را بطرف تیمسار دراز می کند.* این حکم خلع مقام ایشان هست که هرگاه فرصت را مناسب می دونید به او برسانید. *برگه دوم را هم به تیمسار می دهد.* اینهم حکم از ما به شما جهت نشستن بر صندلی صدارت. بعد از برکناری آن آقا، شما می شید صدراعظم تازه.

فردوس صندلی صدراعظم جای نسشتن دوست باید باشه نه دشمن، جای یک مرد فهمیده و دلسوز این ملت، یک شخص آشنا.

شاه این مردیکه دیوانه ست بیگانه ست و دل او با این ملت نیست. فقط پُز خودش را می ده. بیچاره مردم ساده دل زود باور.

تیمسار زاهد *برگه ها را تا زده در جیب بغل می گذارد.* خاطر اعلیحضرت آسوده باشه.

شاه با وجود قهرمان هایی چون شما در این وطن خاطر ما آسوده هست. تشریف ببرید و در یک زمان مناسب کار را شروع بکنید و تمام کنید. خوف به دل راه ندید تیمسار، قوای ما در همه مراحل حامی شما و گروه شما خواهد بود. جنابعالی با اعتماد کامل عمل کنید.

تیمسار زاهد *دست شاه را می بوسد.* اوامر به درستی انجام خواهد شد. *خارج می شود.*

فردوس این خاک عزیز باید محل قدم های دوست باشه نه جای لگدهای دشمن. *بطرف بار می رود.* اینطور نیست اعلیحضرت؟
مشروبی برای شاه می ریزد و می آورد و به او می دهد.

شاه *مشروب را تا ته سر می کشد.* واقعن همینطوره.

صحنه هجدم

سالنی در کاخ. شب.

هیچکس در کاخ نیست. صدای هیاهوی گنگ و نامفهوم مردم از دورادور شنیده می شود. چراغ های کاخ نیمه روشن هستند. گاهی صدای تیراندازی از دور به گوش می رسد. بعد سکوت. فردوس شتابان به کاخ می آید. مستخدم چراغ ها را روشن می کند.

مستخدم دربار اعلیحضرت صدای شما را می شنوند. مستخدم می رود.

فردوس *با صدای بلند که شاه بشنود.* اعلیحضرت سلامت باد. نخست وزیر فرمان عزل خودش را که اعلیحضرت صادر فرمودند ندیده گرفته و برگه حکم برکناری را تکه پاره کرده ریخته در جوی آب. افراد او فرستاده تیمسار را دستگیر کردند و بردند به حبس. خود تیمسار با حکم انتصاب صدراعظمی از جانب اعلیحضرت از مهلکه گریخته و کسی نمی دونه او کجا هست. حامیان اعلیحضرت سرگشته به هرطرف دنبال پناهگاه می گردند از وحشت دستگیری.

ملکه مادر *درحالیکه حرف می زند از دری وارد شده و بسوی در دیگر سالن می رود.* بی عُرضه ها! فرمان به این سادگی را نمی تونند اجرا بکنند. پس اونهمه سازمان ها که مرحوم اعلیحضرت کبیر برای امنیت این مملکت بنا کردند چه شد؟ با اونهمه مامورهای آشکار و پنهان؟ چه غلطی می کنند غیر از

مُفتخوری؟ وقتی نمی توننـد یک مرد پیر زوار در رفته را بنشانند سرجاش پس به چه درد می خورند این جماعت؟ قرمساق ها! خدا بیامرزه اعلیحضرت کبیر را که هر فرمان که دادند تند اجرا شد. کسی جرات داشت بیاد بگه اعلیحضرت فرمان اجرا نشد؟ سزای او که بلد نبود فرمان را اجرا بکنه مُردن بود، آویخته به چوبه دار. اینطور بود که ایشان تونستند این مملکت را از یک خرابه تاریک بکشانند به یک آبادی روشن. چه آبادی! چه روشنی! *و خارج می شود.*

فردوس کار از کار گذشته انگار شاه بانو. آخرین اخبار وضع کشور نشان می ده که صدراعظم یاغی شده و طغیان کرده و به هیچ صراطی هم مستقیم نیست. گویا قصد کودتا علیه سلطنت را داره. گروه زیادی از چپ ها و کسبه مردم هم با او همراه شدند و تعدادشان هم داره هی بیشتر می شه.

شری *وارد می شود.* به آقایان بگو از سوراخ ها بیان بیرون و کاری بکنند برای این مملکت. بگو ما دوستان خوبی در این دنیا داریم که به وقت نیاز تنهامان نمی ذارند.

شاه *به سالن می آید.* کی؟ کدام دوستان؟ پس کجا هستند ایشان؟ *دو مرد غریبه با شتاب وارد می شوند.*

فردوس شما آقایان کی هستید؟

مامور اول ما ماموران دولت هستیم آقا.

فردوس دولت؟ کدام دولت؟

مامور دوم ما ماموران دولت این مملکت هستیم و از نخست وزیر کشور دستور می گیریم.

فردوس خب در اینجا چه می کنید؟ اینجا محل اقامت خانواده سلطنتی ست نه دفتر کار دولت.

مامور اول ما را برای دستگیری این خانم به اینجا فرستادند. *و بطرف شری می رود.*

فردوس کی فرستاده؟ از چه کسی فرمان دارید؟

مامور دوم ما به فرمان صدراعظم کشور در اینجا هستیم آقا. *ماموران دستبند آهنی به دست های شری می زنند.*

شاه به چه جُرمی؟

مامور اول مردم به ایشان لقب اُم الفساد دادند. باور دارند که بانی خیل فتنه ها علیه مردم و علیه این مملکت همین خانم ست.

مامور دوم از این به بعد حرف مردم مُهمه توی این مملکت.

شاه نمی فهمم. به کدام حبس می برید او را؟

مامورها شری را به بیرون هدایت می کنند.

مامور اول او را به حبس نمی بریم بلکه به فرودگاه می بریمش و تبعدیش می کنیم به هرکجا که خودش مایل هست. صدراعظم گفته که صلاح نیست این خانم در کشور حضور داشته باشه. حتا توی حبس بودنش هم مُضره برای این ملت. *دو مامور شری را می برند و می روند. شاه و فردوس تنها می مانند.*

شاه تو گفتی که این صدراعظم آشوبگر مردم را هم با خودش همراه کرده که کمکش بکنند به آشوب بیشتر.

فردوس بنده عرض کردم که افرادش درحال انجام اینجور کارها هستند.

شاه یقین که اون مردم تحریک شده را بفرسته به اینجا به زودی. نکنه حرف اون مرتیکه استالین کمونیست درست از آب دربیاد!

فردوس هیچ چیز بعید نیست.

شاه حالا چه باید کرد؟

فردوس گویا فقط دو راه پیش پای اعلیحضرت هست.

شاه راه اول ایستادگی و مقاومت، و راه دوم رفتن و از محل حادثه دور شدن. هنوز صدای هیاهو می شنوم.

فردوس هیاهوی مردم در خیابان هاست.

شاه چه می گن که اینجور فریاد می کشند این مردم؟

فردوس جسارته اما انگار دارند به اعلیحضرت و خانواده سلطنتی اهانت می کنند.

شاه مردم به ما اهانت می کنند؟ ما که کار بدی نکردیم. ما اونهمه سخت کوشی کردیم تا این کشور از اشغال بیگانگان بیرون بیاد و بشه یک مملکت مستقل.

فردوس دشمن به مردم کوچه و خیابان گفته که سلطنت یک نظام کهنه شده ست، گفته که حکومت پادشاهی یک حکومت قدیمی و به درد نخور شده و باید بره، به مردم حالی کردند که حالا دیگه وقت مرام جمهوری ست نه سلطنت.

شاه سلطنت کهنه شده؟ کی گفته؟ اعلیحضرت پدر مرحوم ما با همین مرام سلطنت این مملکت را نونوار کردند. دیدیم که چطور مردم عقب مانده را واداشتند لباس کهنه روستایی را از تن دربیارند و رخت تازه شهری به تن کنند.

فردوس فرمایش اعلیحضرت متین، اما.

شاه اما نداره این واقعیت. به دشمن بگو برگرده نگاه بکنه به عظمت و شکوه دوره پادشاهی پدر بزرگوار ما. بگو چشم هاش را باز بکنه ببینه پیشرفته ترین

کشورهای اروپایی را که با مرام سلطنت اداره می شن. سلطنت همراه با دمکُراسی و تمَدن.

فردوس کار اما از اینجور حرف و سخن ها گذشته.

شاه یعنی می گی مردم دیگه ما را نمی خوان؟ خب پس ما می ریم. اما بعد از رفتن ما یکی باید به اونها بگه که سلطنت تنها قایق نجات اونها هست در این طوفان و تُندر.

فردوس دیر یا زود خود مردم پی می برند به این حقیقت شیرین. بنده قول می دم.

شاه کی پس؟

فردوس دیر یا زود.

شاه حالا اما مردم حالیشان نیست. می خوان که ما بیرون بریم از مملکت. اگه خود مردم این را می خوان خب پس دیگه هیچ علتی برای ایستادگی و مقاومت ما نیست. اصلن کاری هم نمی شه کرد. خود تو مثلن، تو چکار می کنی؟ چکار می تونی بکنی؟

فردوس بنده هم یک جای امن پیدا می کنم و مخفی می شم. باید مخفی شد. اگرچه خوشبختانه این بنده حقیر مورد نظر ایشان نیستم. با اینحال بنده مثل باقی افراد مخفی می مانم و گوش می سپارم به اخبار تا وقت عمل فرا برسه.

شاه برای مملکت چه می شه کرد؟ همین الان؟ قبل از اونکه وقت عمل در مخفیگاه فرا برسه؟

فردوس به ظاهر هیچ. غیر از توسل به خشونت.

شاه خشونت علیه مردم کوچه و خیابان؟ نه. حالا نه.

فردوس بهرحال ارتش مسلح هنوز تحت امر اعلیحضرت هست و آماده برای دریافت فرمان.

شاه ارتش در این موقعیت چکار می تونه بکنه؟ خب بره بکنه.

فردوس چه کار بکنه ارتش؟

شاه کاری هم نمی شه کرد دیگه. راستش را بخوای مشکل الان ارتش نیست. یک چیز دیگه هست. یک موضوع خانوادگی. ناخوشی همسرم دومرتبه ظاهر شده. از صدای شلیک گلوله ها ترسیده همسرم. ما باید هرچه زودتر سوار طیاره بشیم و بریم. زنم باید استراحت بکنه تا ناخوشی او هرچه زودتر برطرف بشه و برگرده به حال عادی. از سابقه بیماری او که اطلاع داری.

فردوس بنده از جزئیات بیماری ایشان مطلع هستم. با این بیماری باید مدارا کرد.

شاه پس هرچه زودتر ترتیب سفر ما را بده بی زحمت. *و تند از اتاق بیرون می رود.*

صحنه نوزدهم

اتاق نشیمن در یک هُتل. صبح زود.

شهر رُم در ایتالیا. اتاق هتل بزرگ است. اتاق خواب در انتهای اتاق نشیمن قرار دارد. سارا از اتاق خواب به نشیمن می آید. شاه هنوز در رختخواب است. سارا کنار پنجره می ایستد.

سارا کلافه شدم. تا پیش از این هروقت در شهر رُم بودم خوشحال بودم اما حالا با اینکه توی یکی از بهترین هتل های این شهرم و رو به منظره ای به این زیبایی، نمی تونم لذت ببرم نمی تونم خوشحال باشم. می ترسم. دیگه نمی خوام ملکه باشم.

شاه *از اتاق خواب به اتاق نشیمن می آید.* اصلن چرا ما به چیزهای بهتر فکر نکنیم عزیزم؟

سارا به چیزهایی بهتر از فکر کردن به اون کشور به اون اوضاع. خواهش می کنم دیگه برنگردیم به اونجا.

شاه کسی هم هنوز دعوتنامه ای نفرستاده برای ما که برگردیم. مملکت افتاده به دست یک مُشت خرابکار کمونیست و استالینیست.

سارا گفتی بریتانیایی ها بهت قول دادند که اوضاع را به زودی به حالت عادی برمی گردونند.

شاه گفتم بریتانیایی ها به شری گفتند که از امریکایی ها کمک خواستند. به اونها گفتند که اگه سریعتر نجُنبند کمونیست ها کشور را برای همیشه اشغال می کنند. امریکایی ها دلشان نمی خواد اونجا بیفته به چنگ روس ها و برای همین هنوز امیدی هست که به ما کمک بکنند. کمک می کنند. مقام های امریکایی مردم شریفی هستند. اون منطقه برایشان مهم هست. می خوان که اونجا را داشته باشند.

سارا خواهش می کنم به اونها بگو که دیگه کمک نمی خوای. بگو دیگه هر اتفاقی در اون کشور بیفته به حال تو فرق نداره. پس دیگه به برگشتن فکر نکنیم.

شاه مگه می شه فکر نکرد به وطن؟

سارا فقط فکر بکنیم به اینجا، به ماندن در همین جا. یک خونه می خریم و باهم برای همیشه در آرامش خیال زندگی می کنیم. تو روی کارهای مورد علاقه خودت تحقیق می کنی و من هم مشغول می شم به کاری که دوست دارم.

شاه تو به فکر هنرپیشگی در سینما هستی و من به سرنوشت مردم اون دیار فکر می کنم. دلم می سوزه اگه کمونیست ها کشور را تبدیل بکنند به یک زندان بزرگ عمومی برای مردم. لیاقت اون ملت بیشتر از اینها هست که اسیر دیکتاتورهای بیرحم بشه.

سارا درسته، من به فکر هنرپیشگی هستم، به فکر ستاره سینما بودن، این چه اشکالی داره؟ اگه تو شاه نباشی من هم ملکه نیستم و دیگه مانعی نیست برای ستاره سینما شدنم. تو هم نگران نباش برای اون مردم. پدر می گه مردم اون کشور دم دمی مزاج هستند. می گه نمی شه فهمید کی چی می خوان. اما ما دوتا می دونیم که حالا چی می خوایم. ما با هم می شیم دوتا پرنده آزاد. تو هم از محیط فیلم و سینما خوشت میاد. خواهش می کنم از پادشاهی استعفا بده و فکر کن به آزادی هردوی ما، فکر کن به خطر پادشاهی. پدر می گه همیشه یک کسی هست که دنبال فرصت برای کُشتن شاه می گرده حتا اگه اون شاه بهترین حاکم دنیا باشه.

شاه پدرت نگفت که اتفاقن برای حاکمان خوب خطر ترور بیشتر هست؟

سارا می بینی؟ من نمی خوام تو کُشته بشی، بمیری.

شاه من هم نمی خوام. اما چطور می شه از وسوسه رهبری صرفنظر کرد؟ ملت به من نیاز داره. در همین مدت دوازده سال که من رهبرم خیلی چیزها در اونجا عوض شده. تازه شده یک سرزمین مستقل و آماده برای شروع یک راه تازه. اگه من نبودم معلوم نبود که اونهمه آبادی انجام می شد در اون مملکت جنگزده یا خیر.

سارا یادم نرفته که داستان ادوارد هشتم را برام تعریف کردی که بخاطر عشق از مقام پادشاهی کنار کشید و رفت با معشوقه ش عروسی کرد و تا آخر عمر هم به خوبی و خوشی باهم زندگی کردند دوتایی.

شاه این پرت و پلاها را کی بهت گفته عزیزم؟

سارا خودت برام تعریف کردی توی رختخواب، یادت نیست؟

شاه خوش شانسی ادوارد هشتم این بود که لااقل یک برادر با لیاقت داشت.

سارا تو هم برادر داری.

شاه برادرهای مُفتخور من کونش را دارن که به میدان بیان و راه سلطنت را ادامه بدن؟

سارا راهی که برای تو هم دیگه تمام شده ست.

شاه تمام شدن در کار نیست، این حتی شروعی از تمامی هم نیست، بلکه شاید فقط تمام شدن یک شروع تازه هست.

سارا تو حالت خوب نیست. چی می گی؟!

شاه *به خود می آید.* حالم بهترمی شه. تو دلواپس من نباش.

سارا *خود را به آغوش شاه می اندازد.* یک زندگی آزاد در یک دنیای آزاد. تو را به خدا به من قول بده هرطور که بشه ما دیگه به اون کشور برنمی گردیم، به اونجا که گوسفندها را توی خیابون گوش تا گوش سر می بُرند جلوی چشم بچه

ها. من از دیدن اونهمه خون می ترسم. از دوباره دیدن چشم های وقزده گوسفندهای تازه سر بُریده وحشت دارم. من ترسیده م. دست بذار روی قلبم بشنو که چطور تُند و ترسناک می زنه. خواهش می کنم به اونجا برنگردیم. باشه اعلیحضرت؟ *سارا به دهان شاه خیره شده است که ناگهان در اتاق باز می شود و شری وارد می شود. شاه و سارا در تعجب به شری نگاه می کنند.*

شری *خوشحال و سرحال است.* چه خوب. پس شما هم خبر را شنیدید که از خوشحالی اینجور پریدید توی بغل همدیگه! نگاهشان کن! یک زوج سلطنتی سرزمین باستانی در پیژاما. *می خندد.*

شاه تو چطور تونستی بیای داخل اتاق هتل؟

شری کلید انداختم و اومدم داخل اتاق، به همین آسانی. *می خندد.* حالا بگید ببینم چه کسی برای شما خبر را اورده که شما هم مثل من خوشحال و ذوقزده هستید؟

شاه کدوم خبر؟!

شری که اوضاع کشور به حالت عادی برگشته؟ که اون ملت عزیز سلطنت طلب بی صبرانه به انتظار بازگشت اعلیحضرت محبوب به کشور داره لحظه شماری می کنه؟ با فریاد جاوید شاه.

شاه همان مردم که پریروز علیه من شعار مرگ می دادند؟

شری امروز اما همه آحاد ملت دارند یکصدا در خیابان ها فریاد می زنند جاوید شاه.

شاه می شنوی سارا؟ می بینی؟ مردم کشور منتظرند که ما برگردیم به وطن عزیز، کنار اون مردم عزیز، ای خدای عزیز! متشکرم.

شری یک طیاره اختصاصی در فرودگاه رُم منتظر نشسته که ما را برگردونه به تهران. *از اتاق خارج می شود.*

شاه ما هم وسایلمان را جمع می کنیم. *و باز رو به سارا می کند.* باید عجله کنیم عزیزم. شنیدی که گفت طیاره منتظر ما نشسته در فرودگاه. *شاه و سارا به اتاق خواب می روند.*

صحنه بیستم

اتاق کار شاه. صبح.

چند هفته بعد. اوضاع کشور به حالت عادی برگشته. شاه در تهران است و در کاخ خود به سلطنت ادامه می دهد.

فردوس *به اتاق می آید.* تیمسار صدراعظم زاهد اجازه ملاقات می خواد.

صدای شاه *توی اتاق نیست اما صدایش از بیرون شنیده می شود.* وارد شود. *تیمسار زاهد وارد می شود.*

فردوس اعلیحضرت صدای شما را می شنوند.

تیمسار زاهد *با صدای بلند گزارش می دهد.* اعلیحضرت سلامت باد. بنده جانثار در مقام صدراعظم این کشور به اطلاع اعلیحضرت می رساند که صدراعظم مخلوع خائن و یاران او همه دستگیر و روانه حبس شدند. آنها به زودی محاکمه و به سزای اعمال خودشان خواهند رسید. به فرمان اعلیحضرت سران سرشناس فرقه های کمونیستی هم دستگیر و محبوس و اعدام شدند. البته عده ای موفق به گریز از کشور شده و در ممالک دیگر پناه گرفتند اما خاطر اعلیحضرت آسوده باشه که کشور از وجود همه توطئه گران و خرابکاران راست و چپ پاک و منزه شده. با تحکیم برقراری حکومت نظامی در سرتاسر کشور به فرمان اعلیحضرت دیگه هیچ خطری نظام سلطنت را تهدید نمی کنه.

صدای شاه شنیدیم.

فردوس اعلیحضرت پیام را شنیدند.

تیمسار زاهد *سلام نظامی می دهد.* جاوید شاه.
و خارج می شود.

فردوس *اعلام می کند.* وزیر کشور اجازه ملاقات می خواد.

صدای شاه وارد شود. *وزیر کشور وارد می شود. فردوس به او اشاره می کند که گزارش بدهد.*

وزیرکشور *با صدای بلند گزارش می دهد.* اعلیحضرت سلامت باد. بنده حقیر به اطلاع می رساند که مجسمه های اعلیحضرت که در روزهای آشوب در میدان ها پایین کشیده شده بودند دومرتبه بالا برده شده و در وسط میدان های بزرگ شهرهای بزرگ کشور نصب شدند به فرمان اعلیحضرت بزرگترین سدها و خیابان ها و هتل های کشور به نام اعلیحضرت و به نام دیگر افراد خانواده سلطنتی نامگذاری شدند و این امر نامگذاری ها از سوی شهرداری های کشور همچنان ادامه دارد به فرمان اعلیحضرت دستور داده شد که تمثال های مبارک اعلیحضرت در تک تک اتاق های اداره های دولتی و غیر دولتی نصب شده و متخلفین هم دستگیر و به حبس منتقل خواهند شد و نیز اقدامات مشابه بیشتر در دست تهیه و اقدام ست.

صدای شاه شنیدیم.

فردوس اعلیحضرت پیام شما را شنیدند جناب وزیر. *وزیرکشور تعظیم می کند و می رود.*

صدای شاه دیگه نمی تونیم چیزی بشنویم. می خواهیم تنها باشیم.

فردوس بله اعلیحضرت.

صحنه بیست و یکم

حیاط کاخ. عصر.

یک سال بعد. گوشه ای دنج در حیاط. شاه تنها ایستاده مشروب می نوشد و فکر می کند.

شری *می آید.* اعلیحضرت چرا تنها نشسته؟ با وجود اینهمه دوستان خوب در اطراف او؟ دوستان امریکایی بعد از اونهمه کمک که برای خروج از اون بلوا به ما رساندند چه مُتمدنانه پشت میز مذاکره نشستند برای خرید مُنصفانه نفت ما.

شاه این مذاکره که تو می گی ظاهرش مُتمدانه بود اما در باطن مُنصفانه نبود و چون مُنصفانه نبود پس مُتمدانه هم نبود اما تو چطور فهمیدی که من دارم به همین موضوع فکر می کنم؟

شری اعلیحضرت اینجور بدبین نباشه.

شاه تو ملتفت نیستی چه کلاهی برسر این ملت رفت بنام یک قرارداد مهم اما خب زنها که به این چیزها فکر نمی کنند.

شری چه خوب که اعلیحضرت برادر اینجور بزرگ شده.

شاه بزرگ بودم من.

شری اعلیحضرت اما حالا شده یک مرد کامل تمار عیار ایرانی ماشالله.

شاه یک مرد سی و پنج ساله یک مرد کامل تمام عیار هست، چه فرنگی باشه چه ایرانی. باید باشه. نیست اینطور مگه؟

شری خواهر شری خوشش میاد وقتی می شنوه اعلیحضرت اینجور درباره زنها حرف می زنه، با قدرت و تحکم و با تحقیر.

شاه من زنها را دوست دارم حتا وقتی اونها را تحقیر می کنم قصد بدی ندارم.

شری همینطور که من مردها را دوست دارم. بعضی مردها هم اگه از جانب زن تحقیر نشن پی نمی برند به اصل زندگی. پس می بینی که ما هردو همچنان از یک جنسیم برادر.

شاه از طرف دیگه سرنوشت این ملت هم برام مهم هست البت. من یک وطن پرستم با تعصُب به حفظ منافع ملی متعلق به وطن.

شری من هم همینطور.

شاه پس در مقام یک وطن پرست باید ملتفت باشی که رفقای غربی ما چطور بلد بودند موضوع ملی شدن صنعت نفت کشور ما را که ملت اونهمه به اون پُز داد و افتخار کرد ندیده بگیرند با این قرارداد بیست و پنج ساله غیرمنصفانه.

شری اعلیحضرت با ملی شدن صنعت نفت موافق نبود!

شاه اون یک اقدام ملی بود و از دل مردم بیرون اومد، به شخص بخصوص مربوط نمی شد، امری بود که باید انجام می شد و بالاخره هم انجام شد اما دیگه چیزی دراین باره نمی گم. وقتی کسی این دور و بر حالیش نیست که چه می گی دیگه چه حاجت به گفتن؟ خود ما هم سهم بزرگی در تحکیم این خطا داشتیم.

شری خطا از جانب اون پیرمرد از همه جا بی خبر بود که کشور را به آشوب کشید.

شاه اونقدر خرابکاری کرد که برای رفع و رجوعش این تاوان گنده باید پرداخت می شد. کاری بیش از این هم نمی توانستیم بکنیم. کشور در موقعیت ضعف کامل بود و به همین سبب تحقیر شد.

شری تحقیر نبود برادر معامله بود. یک معامله عادلانه به نفع همین مملکت به سود همین وطن برای رفاه حال این ملت.

شاه این ملت بازنده.

شری ما برنده ایم برادر. برای ما به حساب شخص اعلیحضرت دلار ارسال می شه. دوستان ما پیشرفته ترین طیاره های جنگی به اینجا می فرستند. جت های آخرین مُدل که اعلیحضرت از بچگی دوست می داشت، طیاره هایی که پرواز می

کنند به دل آسمان شهر بالا و پایین و چپ و راست و قیج و ویج و بعد با دودهای رنگ وارنگ روی صفحه آسمان می نویسند جاوید شاه.

شاه حالا ما باید هوش و حواسمان را بذاریم روی قیمت نفت که هرسال گرونترش بکنیم از سال پیش به یاری خدا. حتا اگه بشکه ای یک شاهی گرونتر.

شری اگه کمک دوستان امریکایی نبود ما هم الان اینجا نبودیم و در مملکت هم هیچ نبود غیر از گرسنگی و آشوب و هرج و مرج.

شاه درست می گی. آشوب و هرج و مرج.

ملکه مادر *از راه می رسد.* آتش آشوب و هرج و مرج در این مملکت خاموش نمی شه الا هرچه زودتر این زن را بفرستید بره به خانه باباش. از این دختر خیری به این ملت نمی رسه. زود کاغذ طلاقش را بدید به دستش تا بره بلکه مادرش بتونه یک شوهر دیگه برای او جفت و جور بکنه، یک شوهری که نمی خواد بچه دار بشه. اعلیحضرت ما باید بچه داشته باشند هرچه زودتر. اولی باید پسر باشه در مقام ولیعهد. یک کشور بدون ولیعهد فرق نداره با یک سرزمین بدون سرانجام. این زن را طلاق بدید و به فکر سرانجام این مملکت باشید بی زحمت.

شاه مادر! من همسرم را دوست دارم. اصلن چرا هرجا که من می رم شما راه می افتید می آیید دنبالم؟ من خیلی کار دارم و باید به کارهای مهم فکر بکنم.

ملکه مادر من مادر اعلیحضرت هستم و حق دارم بیام ببینم اعلیحضرت در چه حالی هستند. ناخوش بودند ایشان صبح اول وقت. کی بود که گفت؟

شاه نخیر. ناخوش نیستم. اتفاقن حالم خیلی خوش بود امروز، خوش هست. می بینید!

ملکه مادر خلاصه کلام این که مادر جان این زن به درد اعلیحضرت نمی خوره و باید بره.

شری من هم اتفاقن مثل اعلیحضرت درد عشق ممنوع را کشیده م، اما گاهی چاره ای نیست جز تن دادن به تراژدی حتا اگه سخت باشه.

شاه این عشق ممنوع نیست. به شما گفتم که مادر سارا یک دکتر تازه پیدا کرده در جرمنی که تخصص در همین کار داره و مشهور هست در باردار کردن زنان نازا.

شری ساده نباشند اعلیحضرت. وقتی دکترهای امریکایی نتونند چنین زنی را باردار بکنند دیگه هیچ امیدی نیست به کس دیگه، اونهم به دکترهای اهل جرمنی.

ملکه مادر زن را خدا باید باردار بکنه نه دکتر. زن اگه توسط خود خدا نازا شده باشه از هیچ دکتری کاری برنمیاد، چه امریکایی باشه چه جرمن. به کُلی صرفنظر کنید از او.

شاه نمی تونم.

سارا *با گریه پیش می دود و خود را به آغوش شاه می اندازد.* می خوان ما را از هم جدا کنند. *شاه او را در بغل می گیرد. حالا فقط هق هق سارا شنیده می شود. ملکه مادر و شری هردو زُل زده اند به چشمان شاه که تردید کم کم بر او غلبه می کند و تسلیم نگاه های تلخ ترسناک مادر و خواهر می شود. بالاخره شاه آرام سارا را از آغوش خود جدا می کند و خودش را هم به آرامی کنار می کشد و از او فاصله می گیرد. سارا با تعجب می پرسد.* چی شد؟ اعلیحضرت دیگه من را دوست نداره؟

شاه اما در عمق قلب من همیشه جایی برای تو هست عزیزم. هرکجا که باشی. هرچقدر هم که از هم دور باشیم همیشه در قلب من هستی، بهت قول می دم.

سارا تو گفتی برای همیشه با من هستی. گفتی هرگز جدا نمی شی از من! نگفتی؟

ملکه مادر اونموقع اعلیحضرت هنوز خبر نداشتند که تو نازا هستی عزیزم.

سارا تو گفتی بچه برات مهم نیست. گفتی اگه شد چه بهتر اما اگه نشد حتما خدا خواسته که نشه. گفتی من از هرچیز در زندگی تو مهمترم. گفتی باهم همفکریم. نگفتی؟

شری *دست بر شانه سارا می اندازد و او را آرام از صحنه بیرون می برد.* عزیزم. یادت باشه حرف ها و زمزمه هایی را که مرد توی رختخواب در گوش تو می خونه باور نکنی هرگز. تو هنوز جوانی، این تجربه به دردت می خوره. بیا تا من از جنس مردها برات بگم. بیا تا برات بگم کی دوست هست و کی دشمن.

شاه *وسوسه شده که بطرف همسرش بدود اما قدمی پیش نمی گذارد و همانطور که در جای خود ایستاده او را صدا می زند.* سارا! *صدای شاه اما ضعیف است و به سارا نمی رسد. شری و سارا دور شده اند و فقط صدای شری شنیده می شود.*

شری با من بیا تا من برات چیزهای مهم بگم عزیزم.

شاه رفت. *و خسته بر تنه درخت می نشیند.*

ملکه مادر *می نشیند مقابل پاهای او روی یک تکه حصیر که بر زمین پهن است.* حالا اجازه بدید مادر در این هوای خوش همین جا پاهای خسته اعلیحضرت را مالش بده. *شاه پلک ها را برهم می گذارد و تکیه می دهد و با چشمان بسته انگشت سبابه را به دهن برده می مکد. مادر کفش های شاه را از پای او می کند.* هواشناس ها گفتند که فردا تمام روز آفتابی می شه مثل امروز. خدا را شُکر. به وزیرکشور گفتیم که یک میدانی یا خیابانی در پایتخت را نامگذاری بکنند به نام این عروس رفته ی ما، مثل همان کاری که برای عروس رفته قبلی کردیم. حیف شد اما خوشبخت باشند هرکجا هستند. *شاه انگشت به دهان به خواب عمیق رفته است.*

صحنه بیست و دوم

دفتر کار شاه. صبح.

در اتاق ماکت های کوچک از ابزار و ادوات جنگی جور به جور دیده می شوند. اتاق تبدیل شده به نمایشگاهی از انواع طیاره ها و کشتی های جنگی. فردوس می آید و پرده ها را پس می زند. پیداست پیش از او کسی در اتاق بوده درحال بازی با این اشیاءِ چون بعضی از آنها روی صندلی هستند یا روی میز شاه و یا روی زمین افتاده. فردوس همه آنها را یک به یک جمع می کند و می گذارد روی رف، همان جایی که باید باشند. شاه وارد اتاق می شود.

فردوس اعلیحضرت سلامت باد.

شاه چه خبر شده؟

فردوس گمان اعلیحضرت درباره تیمسار صدراعظم درسته. دقیق و درست.

شاه گمان ما؟ کدام گمان؟

فردوس که جناب تیمسار صدراعظم داره توی سرش قدرت بیشتر و اختیارات گُنده تر می پرورونه برای شخص خودش؟ با مطبوعات ساخت و پاخت کرده که مطالب خوب درباره او طبع کنند. کاری کرده که ملت خیال کنه او هم صدراعظم این کشوره و هم شخص اول مملکت. یعنی اینکه زبانم لال اعلیحضرت هیچ کاره

ست. مردم دارند خیال می کنند که حرکت کُل نظام کشور فقط به اراده او جلو می ره. به گمان مردم تحمیل کرده که حتا شخص اعلیحضرت هم از او که صدراعظم کشور باشه فرمان می گیرند. ببخشید. مردم کوچه و خیابان اینها را می گن. مردم می گن بدون حضور تیمسار صدراعظم، مملکت نمی تونه حتا یکروز روی پای خودش بند بشه یا بچرخه.

شاه داری می گی که یارو بدجور پا کرده داخل کفش ما. ها؟ عجب! پس او که تا چندی پیش اونهمه مورد اعتماد ما بود حالا داره خطرناک می شه برای نظام ما. چه دنیای حقیری.

فردوس ایشان به اندازه کافی خطرناک شده.

شاه پس آدم های خطرناک واقعی در اطراف ما کسانی هستند که روزی مورد اعتماد ما بودند، آدم هایی که خود ما به اونها پر و بال دادیم. می بینی؟ انسان چه موجود پست و غریبی ست.

فردوس همینطوره.

شاه اما مردم ما تا حالا باید فهمیده باشند که در این مملکت حرف اول را شاه می زنه نه صدراعظم و یا هرکس دیگه. یعنی مردم ما این را نفهمیدند هنوز؟

فردوس اگه کسی نیاد اینجور ذهن مردم ساده دل را گمراه بکنه، بالاخره می فهمند.

شاه این مرتیکه در اتفاقات شومی که برای کشور پیش اومد از خودش رشادت نشان داد.

فردوس البته ملت شاهد این حقیقت بود که تنها رشادتهای اعلیحضرت بود که ما را از مخمصه آن مرداد ماه شوم بیرون کشید وگرنه رشادت این تیمسار ما وقتی شروع شد که مطمئن شد کمک امریکایی ها از راه رسیده و خطر رفع شده بعد او هم شیر شد و از سوراخ بیشه بیرون زد.

شاه بهرحال طرف مورد اعتماد امریکایی ها هست. کارهایی کرد مفید به حال این ملت. بذار ما هم اینجور خیال بکنیم. به همین دلیل بود که مقام صدراعظمی را به او دادیم. بعنوان جایزه. اما حالا! اتفاقن تمرا یک موجود مزاحم در فنجان ما دیده بود. یک موجود که نیمی از تنش پوشیده در لباس نظام بود و نیم دیگه پوشیده زیر انبوه موی سفید. کی بود که این را به ما گفت؟ چه وقت بود؟ لباس نظام و موی سفید.

فردوس پس کاری باید کرد.

شاه چطور هست که به ایشان یک مقام بالاتر بدیم. یک جایزه گنده تر. او را بفرستید به فرنگ. اونجا یک پُست گُنده دورافتاده بدید به ایشان. بره بشه سفیر ما در یکی از همین سازمان های بی خاصیت جهانی.

فردوس احسنت به ذکاوت سیاستمدارانه.

شاه ما حکم عزل او را امضا می کنیم و تو برسان به دستش. بگو بره به سویس. بگو اونجا برای مردهای پیر بهتر هست و خوش آب و هواتر از اینجا. زن های سفید روی توپول موپول در اونجا آماده پذیرایی از مردهای پیر هستند. به او بگو خوش می گذره به ایشان.

فردوس به به. چه عاقبت به خیری! خوشا به حال ایشان.

شاه ما هم باید یک صدراعظم دیگه پیدا بکنیم. کسی که مطیع باشه و بلد باشه چطور بی چون و چرا فقط فرمان را اجرا بکنه. مکث. اگه یک آخوند قابل اعتماد پیدا می شد.

فردوس مزاح می فرمایند اعلیحضرت.

شاه پیدا نمی شه.

فردوس خوشا به قلب پاک و ساده اعلیحضرت.

شاه بهرحال شخص اول این مملکت ما هستیم و ما خودمان می دونیم چکار بکنیم با این ملت. در قائله شوم آن تابستان هم دیدید که ما اونهمه تدبیر به کار بستیم که زود به مملکت برگردیم و این راه سخت پُر مخاطره را که ما خودمان شروع کردیم خودمان هم برسانیمش به سرانجام. چه گفتی؟

فردوس تصمیم گیری درباره ورود شرکت های صنعتی جدید امریکایی. ورود گروه های متخصص امریکایی جهت تعلیم و تقویت نیروهای امنیتی مبارزه با خرابکاران و تروریست ها.

شاه این مملکت که دیگه خرابکار نداره. وقتی کمونیست ها اونجور در به در شدند دیگه قرار نیست خرابکار و تروریست داشته باشه این کشور.

فردوس با این حال تعلیم و تقویت نیروهای امنیتی کشور ضروری ست چون خطر همچنان در اطراف هست در همین همسایگی با اونهمه خط مرزی گشاد.

شاه خب پس بگید امریکایی ها بیایند. خوش اومدند.
چه خبر از ورود متخصص های نظامی؟

فردوس گروه های متخصص نظامی هم همراه با ورود سلاح های خریداری شده به ترتیب وارد می شن.

شاه هیچ سلاحی وارد نکنید مگر اینکه خود ما جزییات اطلاعاتش را قبلن خوانده باشیم و تایید کرده باشیم. یادت باشه در مورد خرید اسلحه فقط نظر ما مهم هست. مکث. نظر من مهم هست فقط.

فردوس درحال حاضر اونقدر سلاح وارد شده که اعلیحضرت با خواندن جزئیات اطلاعات دقیق اونها روزها سرگرم بشن. همراه اجناس، مجله های زیادی هم اومده با عکس های رنگ و وارنگ تمام صفحه.

شاه پس کجا هستند اون مجله ها؟

فردوس یک بسته گُنده امروز به دفتر اورده شد. الساعه میارم خدمت اعلیحضرت. *فردوس می رود. شاه هم به اشتیاق تماشای مجله ها با عجله از اتاق خارج می شود.*

صحنه بیست و سوم

تالاری در کاخ. غروب.

تمرا یک فنجان خالی شده قهوه در دست مشغول خواندن فال فنجان است. شکرخدا که فنجان قهوه اعلیحضرت اینقدر روشنه امروز مثل همیشه مثل هر روز از داخل فنجان ایشان نور پاشیده به بیرون نور پُر از نشانه های خوش یُمن و علامت های سربلندی چقدر هم ماشالله پروانه هست اینجا تماشا کنید ببینید یکی قشنگتر از دیگری همه اینها اما فقط رهگذرند و زبانشان بیگانه ست فقط میان و فقط می رن بدون کلام. می بینید؟ *ناگهان نگران می شود.* اونطرف فنجان اما چرا اینقدر تار و تیره ست پناه بر خدا؟ تیر و کمان لای تاریکی چه می کنند؟ *به داخل فنجان دقیق تر نگاه می کند.* این مار که چمباتمه زده اینجا نکنه زخم برسونه.

ملکه مادر *با عجله می آید.* بسه دیگه گفته بودم از بدی ها حرف نزنی.

تمرا حرف نمی زدم شاه بانو داشتم می دیدم.

ملکه مادر بی خود می دیدی این چیزها را عوضی دیدی.

تمرا شرمنده م شاه بانو.

ملکه مادر حالا دیگه برو. *تمرا می رود.*

شاه *وارد می شود.* مادر! من می خواستم بیشتر بشنوم از زبان تمرا. بیشتر بدونم از آینده م. چرا او را فرستادید بره؟ داشت چیزهای مهم می گفت. نشانه های مهم می دید.

ملکه مادر این زنیکه خرفت شده. باید یک فال بین تازه نفس پیدا بکنیم.

شاه داشت فنجانم را می خواند و می دید که من ناخوشم. یک مار دید به علامت ناخوشی من. شاید او می تونست از توی فنجان یک پادزهر پیدا بکنه.

ملکه مادر چون چشم هاش دیگه درست نمی بینند مزخرف می گه. مار کجا بوده مادر؟

شاه می گم داشت از ناخوشی من می گفت. گوش نمی دی به حرفم.

ملکه مادر به ناخوشی فکر نکنید مادر جان. *دست شاه را می گیرد و او را می آورد و بر کاناپه می نشاند.* اعلیحضرت الان شدند یک مرد سی و هفت ساله. *دکمه های کت نظامی شاه را باز می کند.* یک پادشاه که تا به حال بیست و چندتا صدراعظم جور به جور عوض کردند. گذشتند از پستی ها. *پوتین های شاه را از پوشش پاهای او درمی آورد.* حالا وقت صعود ایشان از بلندی هاست. اعلیحضرت دیگه خودشان اونقدر حساب کتاب حاکمی دستشان اومده که بدونند صلاح مملکتشان چه هست و چه نیست. *مادر تکه ای دیگر از لباس شاه را درمی آورد.* الان دیگه وقت زن گرفتن شده مادر تا سه نشه بازی نشه. عروس سوم باید که

پسر بیاره برای این ملت. عکس اون زن هم که افتاده بود داخل فنجان اعلیحضرت. یک زن جوان همزبان.

شاه *توسط مادر برهنه شده و حالا درحال به خواب رفتن است.* یک زن جوان!

ملکه مادر اعلیحضرت شنیدند که فنجان چه گفت.

شاه *در آخرین لحظات بیداری.* چه گفت؟ *و به خواب می رود.*

ملکه مادر *بطرف در خروجی می رود و به خدمتکاران فرمان می دهد.* اسپند بیارید دود بکنید دور سر اعلیحضرت. *صحنه آرام تاریک می شود.*

صحنه بیست و چهارم

یک اتاق. عصر

صحنه آرام روشن می شود. شاه بر کاناپه ای لمیده است. کنار کاناپه یک میز کوچک هست و بطری مشروب. شاه گیلاس خالی را بر میز می گذارد. مست است و با خود حرف می زند.

شاه دیکتاتوری فقط اسمش بد رفته وگرنه خودش بد نیست. اگه شخص دیکتاتور یک فرد عادل باشه، عاشق ملت باشه، اگه اون دیکتاتور یک وطن پرست باشه، یک وطن پرست واقعی! چه کارها می تونه بکنه برای کشورش! چه خوب می تونه مملکت را هُل بده به جلو و کشور را پیش ببره بطرف دروازه ای که ما به خواب دیدیم، دروازه تمُدن. سکوت. *تاریکی*

پایان پرده اول

پرده دوم

صحنه یکم

اتاق کار شاه. صبح.

یک اتاق بزرگ. روی رف ها و جا به جای اتاق اسباب بازی های کوچک که به شکل جدیدترین طیاره ها و دیگر ادوات جنگی هستند دیده می شوند. پیداست که ساکن این اتاق علاقه زیادی به ابزار و ادوات جنگی دارد. معلم مردی پنجاه و هفت ساله در اتاق است. مدتی بعد یک کلنل پیر که دکتر است درحال بستن کیف خود از لای یک در که در انتهای اتاق است بیرون می آید.

دکتر اعلیحضرت در صحت و سلامت کامل هستند جناب معلم. حال ایشان از همیشه بهتره و هیچ نگرانی وجود نداره. بنده بار دیگه هم فشار خونشان را گرفتم و هم نبضشان را. ماشالله با اینکه ایشان الان پنجاه و هفت سال سن دارند اعضاءِ بدنشان مثل اعضا بدن یک جوان بیست و هفت ساله در جُنب و جوش هستند.

معلم علتش اینه که ایشان هیچوقت ورزش اسکی را کنار نگذاشتند.

دکتر ماشالله ماهیچه های بدنشان چنان قوی هستند که انسان باور نمی کنه.

معلم چرا انسان باور نکنه موضوع به این روشنی را دکتر؟ به این واضحی!

دکتر باور نمی شه کرد که اعلیحضرت یک ورزشکار حرفه ای نیستند.

معلم اتفاقن ایشان یک ورزشکار حرفه ای هستند.

دکتر بله خب البته. پادشاهان در همه کار سرورند.

معلم همین هم باعث شد که ناخوشی به کلی از تن ایشان دفع بشه.

دکتر بیماری جنابعالی چی شد آقا؟ شما هم خوب و سرحال به نظر می رسید امروز ماشالله. بهبود یافتید انگار خدا را شکر.

معلم بیماری بنده که یک ناخوشی ساده بود. بهبود یافتن از اون هم سخت تر نبود از خود بیماری. مرضی که زود اومد و زودتر رفت به یاری خدا. و البته باید گفت اول به یاری خدا بعد به کمک حکیم خوب.

دکتر احسنت آقا. حکیم خوب. اینه راز هستی امروز انسان.

معلم اگرچه حکیم خوب کیمیاست امروزه. با خبر هستید که.

دکتر خب البت که حکیم خوب هم مثل هرچیز خوب دیگه کمیاب ست در این دنیا. بنده فرمایش شما را قبول دارم. پیداست که حکیم خوب بیماری را از تن جنابعالی تارانده و دور کرده. اثری از آثار اون در چهره جنابعالی نیست دیگه.

معلم آثار بیماری گاهی پیدا می شه، اگرچه نه در چهره بلکه در درون، میاد و کمی سر به سر می ذاره اما خب نباید اعتنا کرد به اینجور ناخوشی های ساده.

باید به مرض بی محلی کرد تا خودش از تن آدمی دربره. اما حالا موضع حال بنده اصلن مهم نیست دکتر. بنده فدایی اعلیحضرتم. از حال ایشان بگو بی زحمت.

دکتر عرض کردم که اعلیحضرت هیچ مشکلی ندارند اصلن و با تمام قوا سالم هستند درحال حاضر.

معلم درباره نتایج آزمایش های پزشکی تازه رسیده چه نظر دارید؟

دکتر بنده به نتایج اون آزمایش ها مطمئن نیستم. به خود اعلیحضرت هم عرض می کنم. اون آزمایش ها در خارج از کشور انجام شده و بهتره که همان دکترهای فرنگی که متاسفانه اعلیحضرت به اونها بیشتر اعتماد دارند به اینجا بیایند و توضیح بدند که مقصودشان از این عبارات چه بوده. این یکی از عُهده این بنده حقیر برنمیاد.

شاه *که حالا مردی پنجاه و هفت ساله است در کُت و شلوار سیاه به اتاق می آید.* پس از عُهده تو چه برمیاد ای حکیم باشی قرون وسطی؟ *و می زند زیر خنده، با اشاره انگشت بطرف دکتر و مسخره کردن او. بعد معلم می زند زیر خنده و بعد هم خود دکتر می خندد. شاه حرف می زند.* حالا می خوام یک سوال ازت بپرسم ببینم تو چقدر چیز سرت می شه جناب دکتر.

دکتر اگر پُرسش در امور نظامی و مسایل پزشکی باشه این بنده حقیر در خدمتم.

شاه **به** هردو مربوط می شه. *دکتر و معلم منتظر شنیدن سوال شاه می مانند و شاه ادامه می دهد.*
خب جناب دکتر تیمسارا! تو می دونی دوره قرون وسطی چه دوره ای بوده؟

دکتر بله اعلیحضرت. بدترین و شرم آورترین دوره بشری که مذهب و جهالت بر انسان حکومت می کرد.

شاه خب پس نباید بگذاریم که اون دوره دومرتبه به قدرت برگرده. درسته؟

دکتر تا وقتی رهبران مدبر و با شهامتی چون اعلیحضرت سکان این کشتی جهانی را در دست دارند هرگز اون دوره برنخواهد گشت.

معلم اعلیحضرت دشمن جهالت هستند.

دکتر همینطوره آقا.

شاه خب پس بهتره ما یک روز مفید دیگه را شروع بکنیم. یک روز کاری مفید.

دکتر و اعلیحضرت به بنده اجازه مرخصی می دهند. *شاه با دست به او علامت رفتن می دهد. دکتر پیش آمده دست شاه را می بوسد و از اتاق بیرون می رود.*

شاه این یارو دکتر ما بیشتر بهش میاد که جاسوس باشه تا پزشک.

معلم توی اون اتاق، آمپولی چیزی که به اعلیحضرت تزریق نکرد این مرتیکه؟

شاه آمپول؟ نه. چطور مگه؟

معلم چیزی هم که نخوراند به اعلیحضرت. قرصی، دوایی، آبی؟

شاه اگه او مامور باشه کاری با ما بکنه با همان لاستیک دراز هم که به بهانه فشار خون گیری دور بازوی ما می پیچه می تونه بکنه.

معلم تزریق سم و مسمومیت از راه پوست مقصود اعلیحضرت هست؟ امکان داره. بعید نیست. اصلن بعید نیست.

شاه *کنجاو و ترسیده آستین خود را بالا می زند و ساعد و بازوی دست را لُخت کرده دنبال یافتن اثری بر پوست است. معلم هم با دقت دنبال نشانه ای بر دست لخت شاه می گردد. بعد شاه آرام می شود. باز آستین را پایین می کشد.* می بینی؟ دور و بر ما پُر شده از بازیگرانی که غلط انتخاب شدند برای نقش هایی که بازی می کنند.

معلم احسنت به شعور اعلیحضرت و سخن ایشان در باب هنر.

شاه مثلن کدام بی شعوری به این احمق گفته که در نقش دکتر بازی بکنه؟ اصلن چرا او را دک نمی کنی بره؟

معلم می فرستمش بره.

شاه خب پس برگردیم سر کار خودمان. از کجا باید شروع کرد امروز؟

معلم از همان جا که کار دیروز تمام شد چطوره؟

شاه دیروز مگه ما چه کار کردیم؟

معلم اعلیحضرت باغچه حیاط را از پشت پنجره تماشا کردند.

شاه کی؟

معلم پیش از رسیدگی به امور مملکت.

شاه باغچه حیاط را که برف گرفته بود دیروز. هیچ نبود غیر از سفیدی.

معلم سفید و سرد. انگار هوا نمی خواد به این زودی عوض بشه.

شاه عوض می شه اما به سختی و به کُندی مثل تلخی توی دهن من.

معلم با یک جُرعه مشروب، طعم تلخ از بین می ره.
به بار گوشه اتاق رفته قدری مشروب در لیوان می ریزد و برمی گردد و لیوان را بسوی شاه دراز می کند.

شاه *مشروب را می گیرد و می نوشد و گیلاس خالی را به معلم پس می دهد.* تلخی که همیشه هست سگ پدر. با وجود ما قاتی شده.

معلم اما نباید فکر کرد به تلخی.

شاه باید فکر کرد به کار. به کارهای مهم. ما چه می گفتیم؟

معلم اعلیحضرت مایل بودند درباره سفیدی برف حرف بزنند پیش از رسیدگی به امور مملکت.

شاه سفیدی یا سیاهی؟

معلم برف سیاه؟! مزاح می فرمایند اعلیحضرت.

شاه گفتی سیاه به یادم اوردی یک سوال از تو بپرسم.

معلم در خدمتم.

شاه تو می دونی چرا مردم برای مُرده هاشان لباس سیاه می پوشند؟

معلم بنده هرگز به این موضوع فکر نکرده بودم.

شاه پس تو به چه فکر می کنی معمولن؟ نه بگو. می خوام بدونم توی کله تو چه هست. مثلن وقتی داری به همین سفیدی نگاه می کنی و با خودت تنهایی؟

معلم بنده شاید به همان چیزی فکر بکنم که دارم می بینم.

شاه خب اون چیزی که تو الان داری می بینی غیر از سفیدی چیزی نیست.

معلم درخت هست. شاخه هست.

شاه جمله من که هنوز تمام نشده.

معلم شرمندم.

شاه شرمندگی که کار نشد. یک کاری بکن.

معلم *تعظیم می کند.* در خدمتم اعلیحضرت.

شاه در خدمتی که من بگم چکار بکن چه کار نکن.

معلم اعلیحضرت انگار از چیزی اوقات تلخی دارند امروز.

شاه اوقات تلخی برای چه ؟ من که خوشحال وارد شدم به اتاق کارم. مگه خودت ندیدی؟ شاهد نبودی؟

معلم چرا. بنده شاهد بودم که اعلیحضرت خوشحال وارد شدند به اتاق کارشان.

شاه خب پس چه؟

معلم من را می بخشند.

شاه بخشیدن که چیزی را عوض نمی کنه. جلوی اشتباه را باید گرفت. بخشش خواستن و بخشیدن یک عبارت زیادی و اضافه ست. خیلی چیزها این دور و بر اضافه ست. اگه قرار هست فقط یک نفر به جای اینهمه آدم هم فکر بکنه و هم تصمیم بگیره، خب واضح که وجود اینهمه نفر این دور و بر اضافه ست. اما مردم اینها را می دونند؟ باید بدونند.
احساس درد جسمی در شاه ظاهر می شود اما او سعی می کند آن را از معلم پنهان نگه دارد. نفس عمیق می کشد. خب حالا تو بگو.

معلم اقدامات وطن پرستانه و خیرخواهانه اعلیحضرت بر فرد فرد این مردم کاملن آشکاره.

شاه جدی می گی؟

معلم بدون تردید.

شاه خب پس حالا برو افراد را یک به یک بفرست بیایند داخل.

معلم بله اعلیحضرت. *معلم می رود بیرون و مدتی بعد صدایش شنیده می شود که اعلام می کند.* وزیرکشور به دستبوس می آید.

وزیرکشور *به اتاق می آید و دست شاه را می بوسد و گزارش می دهد.* اعلیحضرت! مدتی ست که نامه هایی از مردم شمال شهر به شهرداری می رسه که از وجود سگ های ولگرد در سطح شهر گله دارند. سگهای بی صاحب که حتی خود شهردار هم اطلاع نداره چه جور تعداد اونها به این سرعت سیر صعودی داشته. حالا شهرداری دست به دامن وزارت کشور شده جهت اجازه برای اتلاف اون حیوانات در وزارت بهداری تایید شده که این جانوران ولگرد منتقل کننده بیماری های خطرناک در سطح شهر می باشند. وزارت کشور رسیدگی به این امر مهم را به زمانی پس از صدور فرمان اعلیحضرت در این باره موکول کرده. خوشبختانه امروز این فرصت به وزارت کشور داده شد تا این موضوع را با شخص اول مملکت درمیان گذاشته کسب تکلیف نماییم.

شاه اتلاف اون حیوانات معنی ش چه هست؟

وزیرکشور یعنی اعلیحضرت اجازه بدهند که ماموران شهرداری این حیوانات را هلاک بکنند.

شاه با زهر یا اینکه آمپول تزریق می کنید به اونها؟

وزیرکشور طبق برنامه وزارت کشور، جهت صرفه جویی مالی و جلوگیری از اتلاف وقت، ماموران مربوطه شهرداری با شلیک فقط یک گلوله سُربی به سر هر حیوان آنرا اتلاف می کنند.

شاه *مشمئز شده صورتش را به تلخی درهم می کشد.*
هیچ راه دیگه ای برای اتلاف این حیوانات وجود نداره؟

وزیرکشور این مطمئن ترین راهه. اینجور که گفته شده.

شاه کی اینجور گفته؟

وزیرکشور دکترها. متخصص های مربوطه.

شاه خب پس بروید انجام بدهید. مراقب باشید که شهروندان اذیت نشن. مهمترین چیز در این مملکت همین هست، آسایش مردم. مراقب باشید. تشریف ببرید آقا.

وزیرکشور بله اعلیحضرت. *دست شاه را می بوسد و از اتاق بیرون می رود.*

صدای معلم *از بیرون اعلام می کند.* رئیس سازمان امنیت کُل کشور جهت دست بوسی وارد می شود. *بصیر، مردی شصت ساله که رئیس سازمان امنیت کل کشور است به اتاق می آید. شاه پشت میز نشسته دست خود را بطرف او دراز می کند. بصیر با هیکل درشت و سنگین خود پیش می رود برای دستبوسی. ناچار*

است خود را روی میز بیندازد و با تقلای زیاد لب هایش را از بالای میز برساند به دست شاه. بالاخره بصیر موفق می شود دست شاه را ببوسد. بعد به حالت عادی برمی گردد و لباس نظامی خود را مرتب می کند و مقابل شاه می ایستد و تند و نفس زنان شروع به حرف زدن می کند.

بصیر *گزارش می دهد.* اعلیحضرتا! طبق تحقیقات انجام شده درباره یازده فرد خرابکار مظنون و بنا به اعترافات برخی از این افراد، این گروه قصد زبانم لال ترور شخص اعلیحضرت را داشتند و درحال طراحی نقشه ای بودند که بتوانند در فرودگاه هنگام سفر اعلیحضرت به ایالات متحده امریکا آن را عملی بکنند. اما به یاری پرورگار قبل از اونکه خرابکاران فرصت پیدا بکنند به چگونگی انجام طرح خائنانه خود فکر بکنند مُشت اونها باز و نقشه اونها هم توسط نیروهای هوشیار سازمان امنیت کل کشور برملا شد. در مورد هشت نفر از این افراد مجازات زندان طولانی در نظر گرفته شده اما درباره مجازات سه مردی که رهبری گروه را به عهده داشتند و هنوز هم از کرده خود ابراز ندامت نکردند تصمیم دیگری گرفته شد و قبل از اجرای حکم لازم می دانیم به عرض برسانیم که حکم این سه رهبر خرابکار اعدام ست.

شاه شما کاملن مطمئنید که اون خرابکاران قصد ترور ما را داشتند؟

بصیر بدون هیچگونه شک و بنا به اعتراف برخی از خود خرابکاران.

شاه اسلحه هم از اونها پیدا کردید؟ سلاح گرم؟

بصیر خوشبختانه پیش از اینکه این خائنان وطن فروش فرصت بکنند سلاح مواد منفجره مورد نیاز خودشان را تهیه بکنند توسط ماموران تیزهوش ما شناسایی و به دام افتادند.

شاه آیا ماموران شما از نتیجه تحقیقات مطمئن هستند؟

بصیر بنده هم جهت اطمینان کامل پرونده را بررسی کردم. اعلیحضرت از بابت گناهکار بودن این اشخاص مطمئن باشند. شک نکنند اصلن.

شاه خب حالا اونها را دار می زنید؟

بصیر خیر. اونها سپرده می شن به جوخه آتش برای تیرباران شدن.

شاه چرا طناب دار نمی اندازید دور گردنشان، بدون تولید صدا؟

بصیر چون به وقت دار زدن برای مدتی هرچند کوتاه محکومان مورد شکنجه قرار می گیرند، درحالیکه در کلیه بخشنامه های سازمان امنیت کل کشور هرگونه شکنجه روحی و جسمی بر افراد ممنوع اعلام شده به فرمان ملوکانه شخص اعلیحضرت.

شاه بله به یاد داریم که از سازمان امنیت کل کشور خواسته بودیم شکنجه محکومین سیاسی را از برنامه کاری سازمان حذف بکنند. پس فرمان اجرا می شه.

بصیر فرمان همایونی از همان لحظه صدور تا کنون توسط کلیه ماموران این سازمان درحال اجراست. بی چون و چرا درحال اجرای کامل.

شاه در پنج ساله گذشته دقیقن چند نفر خرابکار تیرباران شدند؟

بصیر تعداد انگشت شمار.

شاه چند نفر؟

بصیر آمار دقیق همراه بنده نیست الان اما در صورت تمایل اعلیحضرت این آمار بزودی ارائه می شه.

شاه پس هرچه زودتر برای ما بفرستید اون آمار را. حتمن بفرستید. حالا برو. بروید همان کاری را بکنید که لازم هست. یک امر مفید به نفع این ملت. اگر اینکارها مفید باشه به حال ملت. کی می دونه؟ باید مفید باشه. مفید هست. اینطور نیست؟

بصیر خاطر اعلیحضرت آسوده باشه. سازمان امنیت کل کشور هیچ کاری نمی کنه به ضرر حال ملت. بصیر *باز با همان تقلای خم شدن و روی میز افتادن، بالاخره دست شاه را می بوسد و از اتاق بیرون می رود.*

شاه *خسته است. حال جسمی اش خوب نیست. یک قرص از جیب درآورده در دهن می گذارد و آن را قورت می دهد. بعد رو به معلم می کند و با صدای بلند*

می گوید. دیگه کسی را نفرست. خسته شدم. امروز دیگه خُلق دیدن کسی را ندارم. *او از شدت درد درخود فرو می رود. مدتی در تنهایی.*

معلم *آرام به اتاق برمی گردد.* اعلیحضرت کمی ناخوش هستند. بنده بقیه ملاقات کنندگان را فرستادم بروند و در روزهای آتی شرفیاب بشوند.

شاه تو هم حالت خوش نیست انگار. رنگ و روی صورتت چرا اینجور شده؟

معلم بنده صحیح و سالم هستم.

شاه انگار که پوست صورت تو هم کبود شده.

معلم اتفاقن بنده حالم بسیار خوبه. صحیح و سالم و گوش به فرمان اعلیحضرت.

شاه خب پس اگه واقعن حالت خوبه به این پُرسش من یک پاسخ صادقانه بده.

معلم بله اعلیحضرت.

شاه بگو ببینم آیا تو در رفتار و حرکات اخیر ما نشانی از شک و تردید می بینی؟

معلم قبلن هم اعلیحضرت این پرسش را کرده اند و این حقیر همیشه پاسخم یکی بوده، هرگز.

شاه اگه ما سیاسی های خرابکار در حبس را آزاد بکنیم که اونها برمی گردند بین مردم و با افکار مریض مُخرب خودشان جامعه را به آشوب می کشند.

معلم صحیح است.

شاه برای مردم روستا چه می شه کرد غیر از اینکه به اونها زمین کشاورزی داد؟ مگر ما زمین کشاورزی ندادیم به روستائیان؟

معلم انجام اقدامات این امور مهم بر فردی از افراد این مملکت پوشیده نیست.

شاه اگه انجام اقدامات این امور بر افراد این مملکت پوشیده نیست پس این روستائیان شرافتمند چرا زمین های کشاورزی خودشان را در روستا ول می کنند و هجوم میارن به شهر که ساکن اینجا بشن و در فقر توی خانه های تنگ و تاریک بلولند لابلای همدیگه؟

معلم این روستائیان شرافتمند به شهر هجوم میارند که شهری بشن. شهری بودن و شهری شدن امروز شده یک پُز، یک ژست. روستائیان ساده دل خودشان را به شهر می رسانند که شهری بشن، که شیک بشن.

شاه به شهر هجوم میارند که شهری بشن؟ که شیک بشن؟ پرت نگو مرد. اینهمه خواری، اینهمه تحقیر، فقط برای شهری شدن؟ برای شیک شدن؟ حرف مُفت نزن. به فکر یافتن علت باش. باید نشانه هایی باشه برای توضیح این مطلب.

معلم نشانه های زیادی هست در توضیح این مطلب، نشانه های مشهود.

شاه نشانه های مشهود در این مسئله مربوط می شه به کم آبی. به بی آبی. این مملکت آب نداره. کم داره. باید فکر کرد به کمبود آب، به این خشکی اسفناک. کی بود از کمبود آب در این کشور حرف زد؟ به یاد داری تو؟

معلم کمبود آب؟ اعلیحضرت مزاح می فرمایند. اینهمه آب در این مملکت. اعلیحضرت فراموش کردند که همین چند وقت پیش در همین کجا بود که یک سیل گنده دیگه اومد. چه سیلی! صدها نفر هلاک شدند. چه روستاها که بخاطر زیادی آب شُسته شدند رفتند از مدار زمین بیرون. از چی بود؟! از پُرآبی.

شاه اون که تو می گی چند وقت پیش، در همان کجا، سیل نبود، زلزله بود.

معلم زلزله هم نمی تونه یک شخص روستایی را مجبور بکنه یا به زور هُل بده که به شهر بیاد مگر اینکه خود شخص روستایی از ته دل مایل باشه بیاد به شهر.

شاه بهرحال یک دردی داره اون روستایی که از ته دل مایل هست به شهر بیاد.

معلم درد اون روستایی عشق شدید به بلیط بخت آزمایی هم هست. وجود بلیط بخت آزمایی در سطح شهر که هر هفته عده ای از مردم این مملکت را پولدار می کنه، خب همه می خوان که شانس خودشان را امتحان بکنند و با همین عشق در سر و آرزو در دل، روستاییان گرامی بُقچه سفر می بندند و راه می افتند میان به شهر.

شاه مگر در روستاها بلیط بخت آزمایی نیست؟

معلم نیست اعلیحضرت.

شاه خب چرا بلیط بخت آزمایی را نمی برند به روستاها؟

معلم فرمایش اعلیحضرت را با مسئولین در میان می ذارم اما گمان نمی کنم آسان باشه.

شاه پس حالا یک کاری بکن که آسان باشه.

معلم *تعظیم می کند.* بنده حقیر تحت فرمانم.

شاه برو با این مردک بصیر تماس بگیر و به او بگو در مورد تیرباران کردن اون سه نفر که قصد ترور ما را داشتند فعلن دست نگه داره. بگو یک کاری بکنه که همه شان بیایند جلوی دوربین تلویزیون ملی کشور و اظهار ندامت بکنند و بخاطر طرح نقشه سوئ قصد به جان شاه از ملت معذرت بخواهند. بگو برای اعدام

کردن اونها عجله نکنند تا ما باز پرونده را بررسی بکنیم. شاید حاجت به اعدام نباشه.

معلم بله اعلیحضرت. *می رود.*

شاه *در آینه با خود حرف می زند.* شاید هم حاجت به اعدام باشه. کشور ما در اجرای این قانون تنها نیست. در امریکا هم قانون اعدام اجرا می شه. اما بهتره که در کشور ما کمتر بشه. اصلن به کلی متوقف بشه. اونوقت تکلیف جنایتکارها چه می شه؟ کمونیست ها، تجاوزکارها؟ بمانند در زندان ها بخورند و بخوابند و قوی تر بشن؟ این که اجرای عدالت و احترام به حقوق بشر نیست. پس حقوق اون مردم زحمتکش بیگناه چه که باید در کانون گرم خانواده خود در امنیت کامل باشند در این مملکت؟ هدف ما ایجاد امنیت برای همین مردم خودی ست، برای مردمی که عشق به شاه و حُب وطن در دل هاشان هست.

معلم *وارد می شود.* بصیر را پیدا نمی کنم متاسفانه. گویا او و افرادش درحال شکار یک عده خرابکار تازه هستند و به تلفن دسترسی ندارند.

شاه بصیر را فراموش کن. برو دنبال وزیرکشور. به او بگو در مورد اتلاف سگ های ولگرد فعلن دست نگه دارند. بخاطر احترام به خواهرم. او عاشق حیواناته و اگر بشنوه که چنین فرمانی علیه حیوانات این مملکت صادر شده از ما دلگیر می شه. به وزارت کشور بگو اجرای طرح را موکول بکنند به وقتی که خواهر ما در کشور نیست و رفته به فرنگ.

معلم *به ساعت نگاه می کند.* بعد از اونهم باید داروهایی را بیارم که اعلیحضرت در این ساعت مصرف می کنند. *می رود.*

شاه *در آینه.* حالا باید چکار کرد؟ راهی ست که طی شده. برای سرطان هم هنوز داروی مطمئن کشف نشده، خلق نشده بنا هم نبود که مرگ به این زودی در بزنه. *حس می کند کسی داخل اتاق* است. *می ترسد.* کی هستی!؟ *پاسخی نیست. شاه تپانچه اش را بیرون می کشد. معلم وارد می شود. مقداری قرص و دوا در دست دارد.*

معلم اعلیحضرت به گوش خود شنیدند که دکتر گفت در تندرستی و در سلامت ایشان هیچ شکی نیست. با اینحال این داروها به ایشان کمک می کنه که. *معلم از دیدن شاه که تپانچه به دست دارد تعجب می کند. خود را پس می کشد و با احتیاط حرفش را ادامه می دهد.* کمک می کنه که ایشان بهتر و سرحالتر باشند. *شاه تپانچه را در غلاف بازپس می گذارد. معلم نفس راحتی می کشد و می خندد.* سالم و سرحال برای انجام افعال لذتبخش. *شاه تند از اتاق بیرون می رود و معلم رو به او می گوید.* و حالا اعلیحضرت باید داروهاشان را مصرف بکنند.

صحنه دوم

یک حمام خصوصی. عصر.

شاه به حمام می رسد. دو مرد دلاک به استقبال او می شتابند و لباس های او را یک به یک از تنش بیرون می آورند. شاه با خود اما به صدای بلند حرف می زند.

شاه ما این مملکت را از فقر و فلاکت و گرسنگی رساندیم به یکی از ممالک ثروتمند دنیا. بیکاری ریشه کن شد. به کشاورزان زمین دادیم مُفت و مجانی. آدم فرستادیم به روستاها که سواد خواندن و خط نوشتن یاد بدهند به مردم دهات. به زن ها حق رای دادیم. شخصیت دادیم به بانوان. اعتبار بخشیدیم به شهروندان. امروز در هر فرودگاه مهم دنیا گذرنامه شهروند ایرانی معتبره، محترمه. *دلاک ها شاه را بر سکویی نشانده آب بر سر و رویش می ریزند و او همچنان حرف می زند.* بخاطر اینهمه خدمات که ما در مقام رهبر این ملت انجام دادیم آیا روا نیست که مردم هم در سالن سینماها قبل از شروع فیلم چند دقیقه سرپا بایستند و با تماشای فیلم کوتاهی از خدمات ما و از خود ما قدردانی بکنند؟!

دلاک یک اعلیحضرت باور بفرمایند که مردم به عشق تماشای همان سه دقیقه و سی ثانیه هست که به سینما می رن و سر پا وایساده با احترام حض می کنند از تماشای اعلیحضرت که همه چیز را افتتاح می کنند به ابولفضل.

دلاک دو ای خدا! افتتاح!

صحنه سوم

اتاق خواب شاه و همسرش. شب.

شهبانو زنی سی و هشت ساله مقابل آینه نشسته در حال پاک کردن آرایش صورت خود است. او لباس خواب به تن دارد. در اتاق یک مستخدم زن بنام پری هم هست.

شهبانو پری جون پس تو گفتی که مادر و خواهر هردو داشتند پشت سر اعلیحضرت حرف می زدند!

پری *ملافه های تختواب را عوض کرده است.* زبانم لال شهبانو. بخدا من همچین چیزی نگفتم.

شهبانو پس چی می گفتی همین الان؟

پری گفتم که من شنیدم ملکه مادر و شاهدخت شری توی حیاط باهم حرف می زدند. ملکه مادر گفتند یک کسی بهشان رسانده که اوضاع مملکت زیاد بر وفق مراد نیست. اونوقت والاحضرت شری گفتند اعلیحضرت باید موضوع را جدی تر بگیرند و باید سختگیرتر باشند در برابر زیردستان بخاطر امور مملکت. ملکه مادر پرسیدند مگه اعلیحضرت به اندازه کفایت سختگیر نیستند در امور مملکت؟ والاحضرت شری تند گفتند نخیر نیستند. بعد ایشان تا من را دیدند حرفشان را عوض کردند. همین.

شهبانو خب همین یعنی پشت سر حرف زدن دیگه.

پری نه شهبانو. خدا شاهده که اونها داشتند درباره صلاح مملکت حرف می زدند. می گفتند که اگه اعلیحضرت قاطعیت پدر مرحومشان را داشتند اوضاع مملکت بهتر بود حالا.

شهبانو حرف بیخود می زنند. قاطعیت اعلیحضرت در امور کشور حتا از پدر مرحومشان هم بیشتر و قوی تره. اما اونها حالیشان نیست که زمانه عوض شده، و همینطور شکل و شمایل قاطعیت.

پری *درحال بیرون رفتن از اتاق.* با اجازه شهبانو من دیگه می رم، اگه امری نیست.

شهبانو خوش بخوابی. شب بخیر.

پری شب بخیر شهبانو. *خارج می شود و در اتاق را پشت سر می بندد.*

شهبانو در سکوت در آینه به خود خیره می شود. مدتی بعد در اتاق باز می شود و شاه وارد می شود.

شهبانو اعلیحضرت سنگین قدم برمی دارند امشب.

شاه سنگین که هستم. سنگین از اینهمه فکر. از حمل اینهمه آشغال که ریخته توی سرم و داخل تنم. این از درون، بیرون هم که وضع بدتره. یک مُشت احمق بی خاصیت ریختند دور و برم. یک مُشت آدم حقیر.

شهبانو *برخاسته دست شاه را می گیرد و با لبخند او را بر لبه تختخواب می نشاند.* اعلیحضرت وقتی عصبانی می شن خودشان را خسته می کنند با تحقیر کردن دیگران؟ *می خندد.*

شاه اگه کسی قابل تحقیر شدن هست باید که تحقیر بشه. تحقیر کردن کار بدی نیست، تحقیر شدن بده. نباید گذاشت که تحقیر شد. یک چیز سنگین بدقلق راه گلوم را بسته. مثل یک تُف نحس که نه می شه قورتش داد و نه می شه ریختش بیرون.

شهبانو مقصود اعلیحضرت را می فهمم. *لباس های شاه را از تن او در می آورد.*

شاه در تمام این سال ها ما همه ش دنبال افزایش قیمت بشکه های نفتمان بودیم. پس چه شکلی این مملکت را پولدار کردیم؟ با چه پولی اینهمه تسلیحات مُدرن دولتی و اتوموبیل های راحت شخصی برای این ملت خریدیم؟ طیاره های جنگی اف چهارده، آخرین پدیده در صنعت جنگ، با دو سرنشین و قدرت شلیک همزمان به چهارده هدف مشخص. حالا هم به یاری خدا داریم می رسیم به راه اندازی پروژه بمب اتم. سکوت.

شهبانو پس اعلیحضرت چی؟

شاه *برخاسته بر لبه تخت می نشیند.* کاری نمی شه کرد.

شهبانو درست می شه اعلیحضرت. *خود را به پایین تخت می سُراند.* اعلیحضرت دارند به عکس عروسی مان نگاه می کنند. چقدر ذوقزده شده بودم وقتی فرانک سیناترا توی جشن عروسی ما آواز خواند. یادشان هست اعلیحضرت؟

شاه چه شد که باز یاد اون مرتیکه کردی؟

شهبانو مراسم شب عروسی مان به یادم اومد.

شاه تو از اون خوشت میاد، می دونم.

شهبانو خب چون شخصیت جالبی داره. واقعن هنرمنده.

شاه نه خیر. مکث. من دارم عکس پدرم را تماشا می کنم. روح ایشان بود که به من گفت احزاب سیاسی را منحل بکنم. گفت یک مملکت درحال پیشرفت فقط یک حزب می خواد نه بیشتر. وقتی رایش سوم شد صدراعظم کشورش، مردم جرمنی از هم پراکنده بودند، هرکس ساز خودش را می زد و کسی با کسی همساز نبود. هیتلر با همین قدرت تک حزبی تونست مردمش را جمع و جور بکنه و اتحاد بده به اونها. یقین که نسل های آینده قدر افکار وطن پرستانه و قدر خدمات او به کشورش را بیشتر بدونند. سکوت. نه. نمی شه. نمی خواد بشه. این عادلانه نیست. خدا با من مهربانتر بود! *بلند شده شروع می کند به لباس پوشیدن.* اصلن هیچ

کاری از زن ها ساخته نیست غیر از بچه پس انداختن. مردها بهتر بلدند. حتی بهترین آشپزهای دنیا هم مرد هستند. می دونستی زن؟

صحنه چهارم

اتاق کار شاه. صبح.

معلم تنها در اتاق است. روزنامه ای در دست دارد و در حال تماشای عکس هایی در آن است. شاه از دستشویی به اتاق می آید.

معلم اعلیحضرت سلامت باد.

شاه چی گفتی؟

معلم آخوند دربار درخواست ملاقات داشت. حرفش گلایه بود. درباره مطلب روزنامه های امروز که عکس های مذهبی اعلیحضرت را چاپ زدند.

صدای شاه خب؟

معلم یک عکس هست از اعلیحضرت در مراسم حج خانه خدا. یک پارچه سفید بلند دور تن ایشان پیچیده. یک عکس روشن. در عُمق نگاه اعلیحضرت هیچ نیست غیر از نور امید به اتکای پرودگار باری تعالی. چاپ این عکس ها در روزنامه های امروز چه فکر عاقلانه ای بود. عنوان مطلب هم هست: ایمان و یکتاپرستی در مرام اعلیحضرت. *شاه بی اعتنا به حرفهای معلم در اتاق راه میرود. معلم همچنان حرف می زند.* اعلیحضرت سرحال و سبک قدم برمی دارند! شُکر خدا.

شاه سرحال هستیم اما سبک نه. با اینهمه وزن چطور می شه سبک بود؟ افکار سنگین تر از جسم هستند. وزن بعضی از اونها از وزن سُرب هم بیشتر هست. افکار سنگین که جاذبه زمین هم اونها را بطرف خودش جذب می کنه و بعد هُلشان می ده داخل جمجمه، که آدم را سنگین تر بکنه، زمین گیرتر بکنه. بد دردی هم هست این زمینگیری.

معلم از درد روز قبل هیچ اثری در چهره اعلیحضرت دیده نمی شه.

شاه دیده نشدن درد دلیل بر نبودنش نیست. مثل یک مار تنیده در خفا، هرگاه هوس بکنه بیرون میاد و زهر می پاشه و باز برمی گرده به مخفیگاه. دیده نمی شه چون پنهان شده این مار بد خط و خال، این درد بی درمان.

معلم یقین که درمانی هست.

شاه بهترین درمان این که حرفش را نزنیم. از چیز دیگه حرف بزنیم. تو داشتی یک چیزی می گفتی. درباره یک ملا. چه شده اون ملا؟

معلم مسئله حل شد بزودی.

شاه گفتی گلایه داشت؟ خب. کی؟ از چه گلایه داشت؟

معلم آخوند دربار. گلایه جهت انتشار یکی از عکس های به چاپ رسیده در روزنامه های امروز بود. بنده ایشان را قانع کردم که اشتباه می کنه. قبول کرد. اشاره او به عکسی بود که اعلیحضرت را در مسجد نشان می ده که در صف نماز

جماعت ایستاده اند، درست پشت سر آخوندی که پیش نماز مجلس هست. به عکس *نگاه می کند.* اتفاقن این هم عکس خوبی ست.

شاه خب پس گلایه چرا؟ بخاطر چه؟

معلم بخاطر هیچ.

شاه هیچ به هیچ ختم نمی شه جناب وزیر. از هیچ خیلی چیزها بیرون میاد. کاش ما می فهمیدیم رمزش را. اما می دونم که چیزهای شوم هم ممکنه بیرون بیاد از دل همین هیچ. بگو.

معلم خاطر اعلیحضرت آسوده باد. از هیچ این آخوندها چیزی بیرون نمیاد.

شاه غیر از حرف زدن درباره مرگ شوم. درباره نفرت و کینه.

معلم عرض بنده هم داشت به همین جا می رسید.

شاه درباره آخوندی که گفتی گلایه داشت بگو، گفتی از چه بود گلایه او؟

معلم یارو می گه چرا اعلیحضرت درحال برگزاری نماز کفش هاشان را به پا دارند.

شاه چه حرف مُفتی! پس چه؟ باید بنده هم کفش هام را درمی اوردم می زدم زیر بغلم توی اون مسجد؟ مسخره ها.

معلم می گه هیچ مسلمانی با کفش نمی ره داخل مسجد و کفش به پا در صف نماز نمی ایسته. می گه این عکس بهانه به دست دشمن می ده که بگه اعلیحضرت یک مسلمان واقعی نیستند و فقط تظاهر می کنند به دینداری.

شاه گُه خورده دشمن این چیزها را بگه. دین و مقدسات از بچگی در عمق وجود من بوده. من اگه به اعتقادهای مذهبی پایبند نبودم در سن هفت سالگی مُرده بودم از تب شدیدی که دکترها هم عاجز بودند سردر بیارند از اون. اگه این اعتقادات مذهبی درون وجود من نبود بالاخره در یکی از سه تا سوئ قصدی که به جانم شد از پا دراومده بودم. مدت سی و پنج ساله که خدا به ما کمک کرده تا بتونیم رهبری بکنیم این ملت را. به درستی امور مملکت را پیش ببریم. نه. دشمن کور خوانده این مرتبه. با این بهانه نمی تونه ما را پیش مردم این دیار بدنام بکنه.

معلم این دشمن اما بدبختانه بدجور کینه ای از اعلیحضرت به دل داره. لاینقطع و سرسخت داره سعی می کنه هر بهانه کوچکی را بندازه زیر میکروسکوپ.

شاه میکروسکوپ هم داره این دشمن؟

معلم در مثل عرض شد.

شاه کدام مثل؟

معلم کینه جویی و توطئه گری این دشمن مثلی شده حتا بین خود ملاها.

شاه کی هست این دشمن!؟

معلم دشمن پیری که اونور آب در یک شهر به اصطلاح مقدس نشسته و از راه دور برای هوادارهاش پیام ضد سلطنت می فرسته. باید یک فکر جدی کرد. اگه سیزده سال پیش اعلیحضرت به جای فرستادن اون یارو به تبعید موافقت کرده بودند که سازمان امنیت کشور سر به نیستش بکنه امروز نمی تونست دردسرساز بشه.

شاه تو خیال می کنی یک ملای پیر شانس این را داره که برای حکومت ما دردسرساز بشه؟ یک ملای مرتجع که صاف و پوست کنده و بطور علنی مخالف هست با اصلاحات بزرگ در مملکت خودش؟ دلیل مخالفت او هم که برای مردم واضح هست. مردم ما شاهد بودند که او چطور با طرح آزادی شرکت زنان در انتخابات مخالفت کرد. مطمئن باش که حداقل نیمی از جمعیت این کشور که زنان هستند فریب حرف های او را نمی خورند. نیم دیگه هم که مردان باشند دیدند که ایشان چطور از دارایی زمیندارهای شکم گُنده مقابل کشاورزهای بی چیز دفاع می کرد. اونوقت تو چطور به خودت اجازه می دی اینطور درباره این ملت هوشیار حرف بزنی و اونها را مربوط بکنی به یک ملای عقب افتاده؟ ما یاد بزرگان تاریخ این سرزمین را برای این مردم زنده کردیم. اونهمه هزینه پرداختیم و پول ریختیم و جشن ها به راه انداختیم تا عظمت شاهان بزرگ را به این ملت

بشناسانیم، و حالا شما ما را از یک ملای پیر بی خبر از همه جا که در یک شهر پرت داره آخرین روزهای حیاتش را سپری می کنه می ترسانید؟

معلم درسته.

شاه چه درسته؟

معلم اعلیحضرت حق دارند.

شاه حق این هست که دشمن واقعی را بشناسیم. تا پیش از این فقط کمونیست ها بودند. مائوئیست ها و کاسترویست ها بودند. اما حالا دیگه فقط اونها نیستند. خاطر جمع باش که امروز مذهب از رونق افتاده. امروز مذهب صنعت نفت حرف اول را می زنه در دنیا که اونهم شاهرگش در دست های ماست. بریتانیایی ها متوجه شدند که ما خیال داریم نوع قرارداد تازه فروش نفتمان را عوض بکنیم. شنیدند که ما گفتیم با قرارداد تازه دیگه اجازه نمی دیم کسی نفت ما را مُفت و مجانی ببره. راه اندازی توطئه علیه ما سخت نیست برای اونها، به کمک رادیو بی بی سی. مکث. پدر بزرگوار درست می گفتند. معلومه که فتنه از کدام سوراخ داره نشت می کنه. باید با ایشان حرف بزنم.

معلم با نماینده بریتانیایی ها؟

شاه با مرحوم پدر بزرگوارم.

معلم بله اعلیحضرت.

شاه ترتیب این ملاقات را بده.

معلم بنده همین امروز با قاهره تماس می گیرم و از شیخ می خوام که پنجشنبه شب اینجا باشه.

صحنه پنجم

اتاقی در کاخ. شب.

اتاق در تاریک و روشنی مرموزی فرو رفته است. شیخ، مردی سفید پوش به اتاق می آید. به عربی ورد می خواند. چوب های عود روشن در اطراف اتاق می گذارد. دود به هرطرف می گردد. شیخ متخصص احضار روح است. پس از مدتی گشت و گذار در اتاق و کاشتن عودها در نقاط پراکنده اتاق، علامت می دهد که شاه و معلم هم وارد بشوند. شاه و معلم در سکوت می آیند و در گوشه ای می ایستند. شیخ به معلم علامت می دهد که بطرف او برود. معلم می رود کنار شیخ می ایستد. شیخ ورد می خواند و توجه شاه و معلم را به نقطه ای در عمق انتهای تالار جلب می کند. بعد روح پدرشاه در نور ضعیف عمق تالار ظاهر می شود و زیرلب چیزی می گوید و می رود و باز ناپدید می شود. شیخ سر در گوش معلم ُبرده چیزهایی به او می گوید و خود از اتاق بیرون می رود.

معلم *برای شاه توضیح می دهد.* اعلیحضرت فقید پیام دادند که هول نکنید. گفتند آرام باشید. گفتند مشکل مهمی پیش نمیاد. ایشان فرمان دادند که اما هرچه زودتر اقدام بشه. هشدار دادند که تکلیف را معلوم بکنید با اون پیرمردی که دستمال سیاه روی سرش داره. او که دشمن نُمره یک این ملت ست. اعلیحضرت مرحوم فرمودند هرچه زودتر موضوع را روشن بکنید بهتره. مکث. این حرف ها را شیخ از اعلیحضرت فقید شنیده.

شاه پیرمردی که دستمال سیاه روی سرش داره؟

معلم بزرگترین حُسن اعلیحضرت فقید واضح و روشن حرف زدن ایشان بود. حتی روح بزرگوار ایشان هم واضح و روشن جای اون مرد شوم عمامه سیاه به سر را نشان دادند به ما. مرحبا به اعلیحضرت فقید.

شاه ما شنیدیم که شیخ گفت خضر خضر، که معنیش به عربی می شه سبز نه سیاه. به زبان عربی سیاه می شه اسود. شیخ نگفت اسود. گفت؟

معلم مقصود شیخ از خضر خضر این بود که بعضی هوادارهای این یارو عمامه سبز به سر دارند. گروه گروه با عمامه های سبز. اما عمامه روی سر شخص خود اون یارو بدجور سیاهه.

شاه گفت که یارو الان کجا هست؟

معلم در شهر نجف.

شاه شهر نجف؟ در کشور عراق؟

معلم راه زیادی نیست از اونجا تا اینجا. اعلامیه می فرسته. نوار صدا پُست می کنه. راه زیادی نیست از عراق تا اینجا. تبلیغات او هی داره زیادتر می شه روز به روز. کاری باید کرد.

شاه اشتباه می کنی معلم. مسلمان های واقعی در جبهه ما هستند. ما اونهمه خرج کردیم برای رونق مذهب در این کشور. اینهمه مسجدهای پُر زرق و برق ساختیم همه جا. از دل دانشگاه پایتخت تا کوچه پس کوچه های روستاها، مسجدهای کوچک و بزرگ ساختیم با چسان فسان و. *دنبال کلمه می گردد.*

معلم شیک.

شاه اینهمه مسجد شیک ساختیم در بهترین محله ها. قدر این کارها را باید بدونند مومنین. یقین که می دونند. من شک ندارم. تو هم تردید نکن. اینها خدمات مُهم بودند به مذهب این مملکت، و هستند. تو مطمئن باش که مسلمین واقعی از ما راضی اند.

معلم اما می ترسم که این مسلمین بزودی همین مسجدها را تبدیل بکنند به سنگرهایی علیه خود ما اعلیحضرت.

شاه نه. نمی کنند. باور نمی کنم امروز دیگه در این آبادی هیچ احمقی از یک روضه خوان گول بخوره. نسل تازه ایرانی را دستکم گرفتی جناب وزیر. *با خنده از اتاق خارج می شود.*

معلم همینطوره که اعلیحضرت می فرمایند.

صحنه ششم

تالاری در کاخ. یک روز روشن.

موسیقی رقص. شهبانو درحالیکه خود را به آغوش یک مرد جوان رقصنده سپرده به تالار می آید. مرد معلم رقص است و دارد به شهبانو رقص تازه یاد می دهد. شاه در گوشه دیگر تالار ظاهر می شود. مدتی پنهانی آنها را تماشا می کند بعد به جایی که دیده نمی شود علامت قطع موسیقی را می دهد. سکوت ناگهانی. شهبانو و مرد رقصنده شاه را می بینند و به تندی از هم جدا می شوند. شهبانو به مرد رقصنده علامت می دهد که بیرون برود. مرد می رود.

شهبانو *بطرف شاه می آید.* اوه. اعلیحضرت هم اینجا هستند.

شاه من نمی دونم کی و از کجا این مردهای عوضی و مشکوک الهویه را پیدا می کنه و میاره به اینجا در حریم خانوادگی من.

شهبانو ساشا معلم رقص بچه هاست.

شاه من خیال کردم این مرتیکه معلم خصوصی شخص شهبانوست که داره اینجور با ایشان لاس می زنه.

شهبانو می خندد. او کاری به کاری زن ها نداره. بیشتر مایل به لاس زدن با مردهاست.

شاه دیگه بدتر.

شهبانو ساشا یک هنرمند واقعی ست.

شاه من اصلن می شاشم به این هنر. می رینم به این فرهنگ و به این روشنفکری. اونهمه بودجه مملکت را صرف هنر و فرهنگ کردید. اونهمه آدم علاف به اسم هنرمند و روشنفکر از کشورهای دیگه اوردید اینجا به گرونترین شکل از اونها پذیرایی کردید. کتابخانه ها ساختید در سرتاسر کشور. کتاب های جور به جور چاپ زدید برای سالخوردگان و کودکان. ماهی سیاه کوچولو، خرس سفید پشمالو. که چه بشه؟ که فرهنگ مردم رُشد بکنه. مُتمدن بشه این ملت. این ملت! اما حاصل چه شد؟ سالخوردگان فوت کردند در بی خبری، کودکان بزرگ شدند در حیرانی. حیران و گیج و بی خبر. فقط منتظر، تا یک ملای پیر عمامه به سر، اونهم عمامه سیاه به سر، از اونور آب بیاد و اونها را هدایت بکنه ببره به بهشت. در این عصر تمُدن جامعه را برگردونه به هزاران سال قبل به دوره قرون وسطی. آخه انسان به کجا می تونه فرار بکنه از شر اینهمه حقارت و حماقت؟

شهبانو مطمئنم که اعلیحضرت اونقدر که نشان می دن ناامید نیستند.

شاه ناامیدتر از اون که نشان می دم.

شهبانو شاید بد نبود که اعلیحضرت به حرف های اونها که درباره تشکیل یک دولت مستقل چیزهایی می گن بیشتر فکر می کردند.

شاه گه خوردن درباره تشکیل دولت مستقل چیزهایی می گن. چیزی حالیشان نیست. نمی فهمند چه می گن. من می فهمم. دولت مستقل یعنی اراده خود من، تدابیر خود من. من می دونم چطور این ملت را برسانم به دروازه های تمدن.

شهبانو خب پس اعلیحضرت نگران چه هستند؟ چرا اینجور هول کردند؟

شاه من هول کردم؟ نه من هول نکردم.

شهبانو نه. اعلیحضرت هول نکردند.

شاه پس چرا حالم خوش نیست؟ حالم هیچ خوش نیست.

صحنه هفتم

اتاق کار شاه. صبح.

معلم *وارد اتاق می شود.* بصیر اینجاست و اجازه دستبوسی می خواد.

صدای شاه *شاه دیده نمی شود و فقط صدایش از اتاق دیگر به گوش می رسد.* چکار داره؟

معلم میگه اعلیحضرت احضارش کرده.

صدای شاه ما احضارش کردیم؟ نه. ما او را احضار نکردیم. تو به یاد داری؟

معلم بنده به یاد ندارم.

صدای شاه پس کی گفته که او بیاد؟

معلم میگه درباره یک امر مهم به اینجا فرستاده شده.

صدای شاه فرستاده شده؟

معلم اینطور که بنده مطلع هستم بصیر دیشب در خدمت والاحضرت شری بوده.

صدای شاه شب؟!

معلم آخر شب.

صدای شاه خب حالا بگو بیاد داخل ببینیم چه می خواد بگه این مردک. حرفش چه هست. ما هم الان می رسیم.

بصیر *با اشاره معلم وارد اتاق می شود. بالاخره شاه می آید. بصیر می دود بطرف او و دستش را می بوسد.*

بصیر بنده جانثار در اینجا هستم تا به اطلاع برسانم که ماموران امنیتی ما آماده و منتظر فرمان اعلیحضرت هستند. هرگاه ایشان فرمان را صادر بکنند ما به سرعت با نیروهای امنیتی کشور عراق تماس می گیریم بعد ماموران اجرایی ما به محل اقامت سوژه فرستاده می شوند تا شبانه فرمان را اجرا بکنند.

شاه چرا شبانه؟

بصیر در روز روشن هم می شه هرکاری کرد، اگه اعلیحضرت اینجور ترجیح می دهند.

شاه ترجیح بدیم که شما برید و طرف را سر به نیست کنید؟

بصیر حذف سوژه تنها راه از بین بُردن مانع موجوده.

شاه اصلن کی از مانع بودن اون سوژه حرف زده یا ترسیده؟ از راه دور می تونه از چه چیزی ممانعت بکنه اون مرد پیر، اون سوژه؟
بصیر در سکوت به معلم نگاه می کند.

معلم *بطرف شاه می آید.* اعلیحضرت از بابت کار ماموران اجرایی خاطر جمع باشند. اونها خوب بلدند چطور بدون اینکه آب از آب تکان بخوره ماموریت را انجام بدهند و خودشان به سلامت برگردند.

شاه اینها به سلامت برمی گردند اما فردا معلوم می شه که اون مردک کشته شده و سلامتی در کارش نیست. مردم هم بالاخره مُلتفت می شن که قاتل او کی بوده. خر که نیستند مردم این مملکت. حماقت فرق داره با خریت.

معلم جهت رفع دلواپسی اعلیحضرت عرض می شه که این مردم فراموشکارهای خوبی هستند شُکرخدا. زود یادشان می ره که چی به چی بوده.

شاه نه در مورد مُرده ها. نمی بینید که هزار ساله دارند فستیوال سالانه توی سرخود زنی راه می اندازند برای یک مُرده؟ این مردم گُمراه تحقیر شده! نه. حالا نه. حالا باید بیشتر فکر بکنیم بهرحال. شما هم هول نکنید آقایان. خطر از جانب این جبهه نیست. مراقب سُرخ ها باشید. امروز بخصوص در این منطقه حساس جهان که ما هستیم خطر کمونیسم تهدیدی گُنده تره. اونها هستند وحشی های اصلی. با مذهبی ها اما همیشه می شه کنار اومد چون حساب کار دستشان هست.

حالا فعلن شما برید تا بعد. تصمیم قطعی را بعد خواهیم گرفت. هول نکنید آقایان. خطر کسی را تهدید نمی کنه. همه چیز به زودی درست می شه.
بصیر می آید که دست شاه را ببوسد اما شاه دست خود را پس می کشد. معلم پیش آمده و بصیر را به بیرون هدایت می کند و خود همراه او از اتاق خارج می شود. شاه تنها می ماند و با خود حرف میزند. اصلن درست چه هست؟ غلط کجاست؟ او که خودش می دونه غلط می گه با صدای بلند چاپلوسانه حرف می زنه. او که خیال می کنه درست می گه می خواد با صدای خوفناک تفنگ حرف بزنه. پس کجاست او که هم درست می گه و هم آروم و معقول حرف بزنه؟

معلم *می آید.* در خدمتم.

شاه رنگ و روی تو چرا اینجور پریده؟

معلم چیز مهمی نیست.

شاه داری غش می کنی!

معلم *درحالیکه بر صندلی غش می کند.* انگار همینطوره.

صحنه هشتم

اتاق کار شاه. صبح خیلی زود.

چند ماه بعد. همه پرده های اتاق بسته هستند. شاه سر از روی لبه میز برداشته و مامور گارد دم در را صدا می زند.

شاه ستوان! *یک مرد جوان که گارد مخصوص شاه است در آستانه در ظاهر می شود و سلام نظامی می دهد.*

ستوان در خدمتم.

شاه بیا داخل و بدون اینکه پرده ای را پس بکشی فقط از لای پرده به بیرون نگاه بکن ببین صبح شده یا نه هنوز.

ستوان بله اعلیحضرت. *بطرف پنجره ای می رود و از لای پرده بیرون را نگاه می کند.*

شاه خب چه می بینی ستوان؟

ستوان سفیدی صبح کم کم داره توی هوا دیده می شه اعلیحضرت. اینطور که ما می بینیم.

شاه پس اینطور که شما می بینید هنوز صبح نشده.

ستوان چیزی به صبح نمانده.

شاه این صبح پس کی می خواد برسه؟

ستوان *برمی گردد و می رود که از اتاق خارج شود.* صبح خیلی نزدیکه. اینطور که ما دیدیم.

شاه ستوان!

ستوان *می‌ایستد.* در خدمتیم.

شاه تو بچه ی کجا هستی؟

ستوان ما در شهر شاهی به دنیا اومدیم اما بزرگ شده در شهرستان شاهرود هستیم.

شاه مقصودت چه هست که می گی ما؟ مگه تو چند نفری؟

ستوان من هستم با زنم و سه تا بچه هام.

شاه همه شما در شهر شاهی به دنیا اومدید و بزرگ شده در شهرستان شاهرود هستید؟

ستوان زن ما در خود شهرستان شاهرود به دنیا اومده.

شاه الان زن و بچه ت کجا هستند؟

ستوان در تهران.

شاه از زندگی خودشان راضی هستند؟ زنت مثلن؟

ستوان خیلی زیاد. همه راضی هستند.

شاه بقیه مردم چه؟ برادر زنت. مادر زنت؟

ستوان مادر زن ما فوت کرده اعلیحضرت.

شاه خوش به دلش.

ستوان بله اعلیحضرت.

شاه همسایه هات چه؟ افراد قوم و خویشت؟ مردم دیگه که می شناسی. همه راضی هستند از زندگی خودشان؟

ستوان خیلی زیاد.

شاه پس این مردم ناراضی چه کسانی هستند؟ اصلن چرا ناراضی هستند؟ از کی ناراضی هستند؟ از ما که نارضی نیستند. هستند ستوان؟

ستوان هیچ کس در این مملکت از شخص اعلیحضرت ناراضی نیست.

شاه پس این اعلامیه هایی که علیه ما چاپ می زنند چه هست؟ چرا این چیزها را علیه ما می نویسند؟ کی اینها را می نویسه؟ کی اینها را می خونه؟

ستوان دشمن سعی داره مردم را تحریک بکنه.

شاه تو می دونی دشمن ما کی هست؟ چرا با ما دشمنی می کنه این دشمن؟

ستوان دشمنان سلطنت. اما عده اونها زیاد نیست. کاری نمی تونند بکنند.

شاه پس تو مطمئنی که عده این دشمنان زیاد نیست و هیچ کاری هم نمی توانند بکنند علیه ما و علیه سلطنت؟

ستوان صد در صد مطمئنیم.

شاه باشه. ما باور می کنیم. حالا دیگه برو

ستوان بله اعلیحضرت. *ستوان بعد از ادای احترام نظامی می رود.*

شاه *باز تنها مانده. مقداری کاغذ که اعلامیه هستند روی میز او پراکنده اند. شاه کاغذها را برمی دارد و شروع می کند به پاره کردن آنها.* چرا یک آدم فهمیده پیدا نمی شه در این مملکت که بشه درست حسابی با او حرف زد؟ با او مشورت کرد؟ چه بلایی اومده سر فهمیده های این سرزمین؟

ستوان *در آستانه در.* تیمسار فردوس رسیدند.

شاه بیاد تو. *ستوان می رود. شاه خود را برای ملاقات آماده می کند. فردوس که او هم حالا مردی پنجاه و هشت ساله است و همسن شاه، در لباس نظام به اتاق می آید با ادای احترام نظامی.* بالاخره رسیدی فردوس.

فردوس در خدمتم.

شاه خبر تازه چه داری؟ بگو.

فردوس تسلیت عرض می کنم.

شاه کی مُرده؟

فردوس اعلیحضرت مزاح می فرمایند.

شاه آها. معلم را می گی. خب مُرد دیگه. مرتیکه خیال می کرد ما زودتر از او می میریم. خوشحال بود از این بابت.

فردوس اعلیحضرت قرار نیست بمیرند.

شاه همه قرار هست بمیرند. چه بهتر. فکرش را بکن اگه غیر از این بود چه گندی زده می شد به این دنیا. خدا را شُکر که همه بالاخره می میرند، می میریم، اما پیش از مُردن باید فکری بکنیم به حال این مملکت.

فردوس مملکت در امن و امان ست.

شاه در امن و امان هست اگر اینهمه مزاحم نداشته باشه. مزاحم هایی که در کشورهای همسایه کمین کردند و از راه دور مردم ما را علیه ما تحریک می کنند. مزاحم های سرخ و سیاه. فتنه های سیاه و فریب های سرخ. آدمکُش ها. *به سطل آشغال اشاره می کند.* با اینهمه اعلامیه های نفرت انگیز.

فردوس اعلیحضرت دلواپس نباشند بابت پیام های اون ملای پیر. شنونده نداره این حرف ها. کاری از او برنمیاد.

شاه این مردم دم دمی مزاج هستند و ممکنه خیال کنند او داره درست می گه و راه بیفتند دنبالش. یارو هم از این فرصت استفاده بکنه و این ملت مظلوم را بکشه به قعر جهنم. از نوشته ها و از حرف های او اینطور برمیاد که ماموریتش

همین هست. کشاندن این ملت مظلوم به آتش جهنم. اما او از جانب چه کسانی ماموریت داره؟ از جانب کی؟

فردوس جسارته اما سخت می شه تصور کرد که این مردم در این عصر امروزی تا این اندازه بی خبر باشند از دسیسه های سرخ و سیاه مورد نظر.

ستوان *در آستانه در ظاهر می شود.* آقای هُدا اینجا هستند.

شاه بیاد تو.

ستوان بله اعلیحضرت. *می رود.*

هُدا *مردی هفتاد ساله می آید و دست شاه را می بوسد.* خیر باشه اعلیحضرت.

شاه با پست تازه اُخت گرفتی هُدا؟ راضی هستی؟

هُدا هرطور اعلیحضرت امر بفرمایند بنده در خدمتم، در هر پست و مقام که اعلیحضرت فرمان بدند. بله اُخت گرفتم، راضی هستم.

شاه چه بهتر. حالا هم از رختخواب کشاندمت به اینجا که چیزی بگی، پیشنهادی بدی. خب تو چه می گی؟

هُدا می دونم که اعلیحضرت امیدی ندارند به روشنفکرها اما شاید راه حلی که اونها پیشنهاد می دهند از کُشتن و سر به نیست کردن بهتر باشه، مفیدتر باشه برای امنیت مملکت و برای حفظ سلطنت.

شاه دیگه هیچ کاری مُفید نیست غیر از مُردن و به کُلی نیست شدن.

هُدا قبل از مُردن اما شاید بشه با حرف و سخن به مردم حالی کرد که مراقب باشند نیفتند به دام تبلیغات اون مُلا. یا به دام هر مُلای دیگه.

شاه با حرف و سخن؟

فردوس کار از حرف و سخن گذشته جناب وزیر.

شاه شایدم هنوز نگذشته. اون مردک هم با حرف و سخن علیه ما قائله راه انداخته. فقط با حرف و سخن. بهرحال باید کاری کرد.

فردوس خود اعلیحضرت یکبار دیگه امتحان بکنند تا مطمئن بشن که آبی از اون جماعت روشنفکر گرم نمی شه. می ترسم کار را خرابتر بکنند اونها. عُذر می خوام. اعلیحضرت من را می بخشند.

شاه یعنی کار خیلی خراب هست؟

فردوس معذرت می خوام. عرض بنده این نبود.

شاه *رو به هُدا می کند.* پس یکی را بفرست بره چندتا از روشنفکرهای دربار را پیدا بکنه به اینجا بیاره تا ببینیم اونها چه می گن.

فردوس *از لای پرده به بیرون نگاه می کند.* در این صبح سحر و در این هوای طناز بهاری بنده قول می دم که همه اون آقایان هنوز مست و پلاس هستند لابلای عشرتکده های شبانه شهر دلربای پایتخت.

هُدا بنده شخص مناسبی را به خدمت میارم. وزیر فرهنگ و هُنر را.

شاه نه هُدا نه. با هُنر و مُنر نمی شه کاری کرد. نه. هنر و فرهنگ یکجور بازی هست. فقط به درد صحنه تاتر می خوره و صفحه تلویزیون، برای سرگرم کردن مردم. از چیزهای جدی حرف بزن نه از هنر.

هُدا با هنر نمی شه کاری کرد اما با فرهنگ شاید بشه.

شاه اینها که می گی فرقشان چه هست؟

فردوس احسنت به پُرسش خردمندانه.

هُدا هنر و فرهنگ دو پدیده جداگانه هستند با دو عملکرد متفاوت. خود وزیر فرهنگ و هنر که به اینجا بیاد شخصا توضیح خواهد داد.

شاه خب پس برو پیداش بکن و او را به اینجا بیار.

هُدا بله اعلیحضرت. *می رود.*

فردوس دلیلی برای دلواپسی نیست. این مُشکلی ست که به سادگی حل می شه.

شاه *می رود بطرف سطل آشغال و لگدی به آن می زند. سطل آشغال* چپه *می شود و مقداری کاغذ پاره پخش می شوند روی زمین.* چطور حل می شه؟ این دکترهای احمق هم عوض اینکه راستش را به آدم بگن فقط دروغ های دلخوشکنک تحویل می دن. نه. این عدالت نیست. پس خدایی که اونهمه به او عقیده داشتم چه شد؟ کجا رفت؟ *تاریکی.*

صحنه نُهم

اتاق کار شاه. صبح.

یک روز دیگر. هُدا همراه با یک مرد پاپیون دار به اتاق می آیند.

هُدا امید امروز اعلیحضرت به پیشنهاد سازنده شماست جناب وزیر.

وزیرفرهنگ و هنر خیال ایشان را همین امروز راحت می کنم. خاطر شما جمع باشه.

هُدا اعلیحضرت همواره نظر مساعد داشتند به فرهنگ و هنر. عقیده دارند که وجود فرهنگ و هنر و به ویژه خود فرهنگ امری لازم و حیاتی ست برای حیات این مرز و بوم. ایشان تحقیقات مفصلی درباره فرهنگ کُهن و فرهنگ جدید این سرزمین دارند. خودتان اطلاع دارید.

وزیرفرهنگ و هنر بله. مطلع هستم که ایشان هرجور هنری را ممکنه تحمل بکنند غیر از هنر اُپرا را.

هُدا این موضوع صحت نداره. اتفاقن ایشان از تماشای اُپرا لذت می برند، اگر که اپرای خسته کننده ای نباشه. همه اپراها که قابل تحمل نیستند. ایشان صحیح می فرمایند. صحیح نمی فرمایند؟

وزیرفرهنگ و هنر البته که اعلیحضرت همیشه صحیح می فرمایند.

هُدا شک نکنید در این باره آقای وزیر فرهنگ.

وزیرفرهنگ و هنر بنده دراین باره هیچ تردید ندارم.

شاه *وارد می شود.* در چه مورد ما صحیح می فرماییم دوستان؟

هُدا چه خوب. خود اعلیحضرت تشریف اوردند. *بطرف شاه رفته دست او را می بوسد و مرد پاپیون دار را نشان می دهد.* اینهم وزیرفرهنگ.

وزیرفرهنگ و هنر *دست شاه را می بوسد.* اعلیحضرت سلامت باد.

شاه خب بگو جناب وزیر فرهنگ و هنر.

وزیرفرهنگ و هنر صحبت درباره اپرا بود و عقیده اعلیحضرت به آن.

شاه اپرا را ول کنید وزرای محترم. حالا که وقت بحث کردن درباره نمایش و اپرا نیست. حرف جدی بزنید آقایان. پیشنهاد بدهید درباره چگونه مقابل شدن با دشمن سیاه. *رو به وزیر فرهنگ و هنر می کند.* خب نظر تو چه هست؟ بگو.

وزیرفرهنگ و هنر به نظر میاد که مشکل بسیار اندک و قابل حل ست به سادگی.

شاه چطور به سادگی؟

وزیرفرهنگ و هنر با سلاح تیز قلم و البته نیروی عظیم لُغت.

شاه چه جور لُغتی؟

وزیرفرهنگ و هنر بنده باور دارم که یک نوشته روشن منطقی و البته افشاگرانه می تونه ماهیت این به اصطلاح رهبر مذهبی و رفقای او را برای مردم برملا بکنه. یک مقاله بقلم شخصی که تخصص داره در چگونه چیدن بهترین لُغات به دنبال هم و نیز با آگاهی کامل که چه سحری دارند اونها.

شاه رهبران مذهبی؟

وزیرفرهنگ و هنر همچنین لغات.

شاه لغات هم مثل زن ها هستند که برای تفریح و سرگرمی مرد خلق شدند و باید به وقت شادی به کار بیان اما در امور جدی ما خیال نمی کنیم کاری ازشان بربیاد چون نمی شه روی اونها حساب کرد. اونها گاهی خیلی خوبند و گاه خیلی بد. بسته به این که مقصود طرف چه هست از با شما بودن. مقصود لُغت هم باید معلوم باشه. باید روشن باشه.

وزیرفرهنگ و هنر دقیقن.

هدا جسارته اما عرض می شه که به نظر این بنده حقیر، اخلاق و عادات لغات اندکی تفاوت دارند با اخلاق و عادات زنان.

شاه چه جور تفاوت دارند؟

هُدا به گمان این بنده حقیر، لُغات برای رهایی مرد خلق شدند اما زن ها برای اسارت مرد.

شاه هردو قادر هستند هردو کار را بکنند آقا. بسته به این که شما چطور به کارشان می گیرید. باید هوشیار بود. هم در مورد زنان و هم در مورد لغات، چون به سادگی مردها نیستند. پیچیده تر از اون هستند که می بینید. ما به شما قول می دیم آقایان.

هُدا احسنت به سخنان حکیمانه.

وزیرفرهنگ و هنر خوشبختانه امروز مردم این دیار اینقدر فهمیده و هوشیار شدند که خودشان درست و غلط را تشخیص بدهند از لابلای همین لغات.

شاه جدی!؟ مردم این دیار اینقدر فهمیده و هوشیار شدند؟ مطمئن هستید شما؟

هُدا جسارته اما خود اعلیحضرت هم همین عقیده را دارند. همین بنده حقیر بارها از زبان ایشان شنیدم که فرمودند مردم امروز این مملکت مردمی فهمیده و هوشیارند و هیچ چیز نمی تونه اونها را فریب بده.

شاه رهبر یک ملت باید از اینجور حرف ها بزنه، اما معنی ش این نیست که همه چیزهایی را که درباره مردم می گه خودش هم باور داره. تو هنوز ملتفت این امر نشدی هُدا؟

هُدا احسنت به شعور سیاستمدارانه.

شاه تو حرف بزن آقای فرهنگ و هنر. بگو این چیزی را که درباره مردم این دیار گفتی خودت باور داری؟

وزیرفرهنگ و هنر بدون شک.

هُدا بدون تردید حرفه روشنفکر همین هست. شناخت اخلاق و عادات مردم. باید به گفته روشنفکران در مورد مردم اعتماد کرد. فقط در مورد اخلاق و عادات مردم البته. این بنده حقیر شخصا اعتماد می کنم.

شاه ما هم حالا فقط به جلب اعتماد مردم نیاز داریم. همین مردم عادی معمولی که هرروز گروه گروه به دنیا میان و هر روز گروه گروه به مرگ طبیعی و غیرطبیعی می میرند. به دنیا میان و می میرند. اصلن به دنیا میان که بمیرند. با اینحال همیشه فقط همین لُغت مهم بوده: مردم! همین لغت بی معنی. آقایان توجه داشته باشند. مردم!؟

هُدا همینطوره.

شاه چه همینطوره؟

هُدا مردم.

شاه خب پس این راه مکالمه با مردم را هم امتحان بکنید. راه مبارزه با سلاح لُغت. برو بگو بنویسند و در مطبوعات چاپ بزنند. با لغات تیز بُرنده به مردم حالی بشه که ما خبر داریم چه جور رنگ های دیگری زیر همین عمامه سیاه هست. همان لغات اگر قادر هستند نشان بدند به مردم که اصلن هویت شهروندی این آقا مورد تردید اداره اسناد و مدارک رسمی کُل این کشور هست. لغات باید به گونه ای پشت هم ردیف بشن که اون نوشته بشه یک مطلب با حساب کتاب. باید بشه یک متن با منطق و محکمه پسند برای مردم. می شه؟

وزیرفرهنگ و هنر خاطر اعلیحضرت جمع باشه از بابت لُغات.

شاه از بابت مردم چه؟

وزیرفرهنگ و هنر مردم موم هستند در دست لُغات.

شاه پس عجله کنید. *وزیرفرهنگ و هنر توسط هُدا به بیرون هدایت می شود. خود هدا هم می رود. حالا فردوس که در این مدت در گوشه ای کنار بار دور از*

دیگران ایستاده بود پیش می آید. شاه رو به فردوس می کند. به کمک تو احتیاج دارم فردوس.

فردوس اعلیحضرت ترجیح می دند که بنده برگردم بیام به همین دفتر؟

شاه نه. تو مراقب ارتش باش. الان مهمترین چیز همین هست. مراقبت از ارتش. هوای اونجا را داشته باش. به هیچ کس اعتماد نکن. هیچ کاری نکنید مگر کاری که من قبلن تایید کرده باشم.

فردوس خاطر اعلیحضرت جمع باشه. همه چیز به همان شیوه خواهد بود که در سی و چند سال گذشته بوده. هیچ کاری توسط هیچ مقامی در این مملکت انجام نمی شه مگر اونکه قبلن به تایید اعلیحضرت رسیده باشه. ایشان هول نکنند.

شاه چرا همه همین را تکرار می کنند؟ خسته شدم. حالت استفراق دارم. ضعف کردم.

صحنه دهم

تالار کاخ. عصر.

شری، فردوس و هُدا به صحنه می آیند و دور میزی به انتظار می ایستند. سکوت. مدتی بعد شاه وارد می شود.

شاه نه. خطر جدی نیست دوستان. هول نکنید. از جانب مذهب خاطر شما آسوده باد، هیچ باد مسمومی از اون جانب وزیده نمی شه درحال حاضر. حرکات و رفتار رهبران مذهبی را جدی نگیرید. اونها ملتفت هستند که ما چطور در ترویج و تقویت مذهب در این آب و خاک کوشش کردیم. تک تک بناهایی که به عنوان مسجد و حسینه ساخته شد گواه این مطلب هست. در باب ایجاد فضای باز سیاسی هم ما اعتراضی نداریم، بگویید بازتر بکنند این فضا را فقط با احتیاط و رعایت حقوق شهروندان. احترام به حقوق مردم اولین حرف و خواسته ما هست.

شری و مطلبی که به فرمان اعلیحضرت نوشته شد در افشای رهبران مذهبی.

شاه در افشای رهبران مذهبی نیست، در افشای هویت فقط یک نفر هست این نوشته.

شری که انتشار اون در مطبوعات کشور کمک بزرگی به مردم خواهد بود تا از خطرات اطراف خودشان بیشتر آگاه باشند.

شاه اینطور خیال می کنی؟

فردوس امیدوارم این کار تبدیل نشه به آب در لانه مورچگان ریختن.

شاه یعنی چه؟

فردوس ملاها را از داخل حجره هاشان بفرسته بیرون به کوچه و خیابان.

شری این نوشته چیزی نیست جز مقداری اطلاعات درباره یک شخص مشکوک الحال که باید به مردم گفته بشه، هرچه زودتر بهتر.

هُدا بنده با والاحضرت شاهدخت موافقم.

فردوس مردم این مملکت درحال حاضر بیشتر به فکر خرید آپارتمان های شیک هستند و ماشین های پیکان رنگ وارنگ، در بحر مسایل سیاسی نیستند این مردم.

شری وقتش که بشه خیلی هم در بحر مسایل سیاسی خواهند بود. مردم غریبی هستند.

شاه *زیرلب تکرا می کند.* مردم غریبی هستند.

هُدا چون آگاه به حقوق خودشان نیستند.

شاه نه نیستند. بعد *رو می کند به هُدا*. تو گفتی فال هم گرفتید.

هُدا از حافظ شیراز پرسیدیم که چه باید کرد.

شاه خب؟

هُدا البت که خواجه نظر مساعد داشتند فرمودند تردید مکن. سکوت.

شاه *بطرف فردوس می رود*. گفتی آخوند دربار هم از قرآن استخاره کرده.

فردوس بنده هم پیش ایشان بودم، همین امروز صبح زود بعد از اقامه نماز، لای کتاب آسمانی را باز کرد و آیه ای خواند بعد گفت که کلام خدا به انتشار آن نوشته در مطبوعات خوشبین نیست.

شری اما آخرین فنجان قهوه ی اعلیحضرت به انتشار آن نوشته در مطبوعات خوشبین هست تیمسار.

فردوس البت که اراده ی شخص اعلیحضرت مهمه در این باره.

شری و آنچه که به قلب ایشان نزدیکتر هست. نقش فنجانی که نفس ایشان در اون و بر اون نقش ها آمد و شد کرده.

شاه *سکوت طولانی. دیگران به او خیره شده اند، و سرانجام حرف می زند.*
مطبوعات منتشر کنند.

صحنه یازدهم

اتاقی در تالار. غروب

شهبانو نشسته کتاب می خواند. شاه خسته وارد می شود و می رود خود را می اندازد روی کاناپه.

شهبانو اعلیحضرت حالشان خوبه؟

شاه از بچه ها بگو. خبر داری از اونها؟

شهبانو بچه ها در سان فرانسیسکو دارند با دوستانشان خوشگذرانی می کنند.

شاه چه خوب. خوش به حالشان. کاش من هم بچه بودم و هیچ کاری نمی کردم غیر از خوشگذرانی. یک کاری بکن که من هم حالا خوش بگذرونم.

شهبانو اعلیحضرت مایلند بریم به اتاق خواب؟

شاه یک بازی سرگرم کننده تر بگو.

شهبانو استخر؟

شاه مشق چه جور رقصی بود از اون مرتیکه می گرفتی؟

شهبانو می تونم به اعلیحضرت هم یاد بدم، اگه دلشان می خواد. *کتاب را بسته کنار می گذارد بعد دست های شاه را می گیرد و او را از روی مبل بالا می کشد. شاه هم خود را به دست های شهبانو می سپارد. موسیقی نواخته می شود. آنها شروع می کنند به رقصیدن. شهبانو حرکات تازه رقص به شاه یاد می دهد و آرام آرام او را به عمق تالار می برد. آنها درحال رقص در عمق تالار هستند و اشخاص دیگری که از این پس در این صحنه به تالار می آیند شاه و شهبانو را نمی بینند.*

هُدا *روزنامه در دست وارد تالار می شود و به روبرو با شاه خیالی حرف می زند.* اعلیحضرت سلامت باد. مطبوعات کشور مطلب مورد نظر را به طبع رساندند به فرمان اعلیحضرت. این انتشار از سویی وجد و نشاط مردم شاه دوست و وطن پرست شهر نشین را برانگیخته و از سوی دیگه رنجش روحانیون ساکن قم را فراهم ساخته. این موضوع باعث جلوگیری از ورود روزنامه اونروز به داخل شهر شده. عده ای از روحانیون سالخورده همراه با طلاب جوان در فرودگاه شهر اجتماع کرده به شعارهایی علیه روزنامه و گاهی هم علیه سلطنت پرداخته اند. *هدا در گوشه ای از اتاق می ایستد در سکوت. شاه و شهبانو هنوز در عمق تالار درحال رقصیدن هستند.*

بصیر *وارد تالار شده و او هم رو به شاه خیالی گزارش می دهد.* ماموران سازمان امنیت کل کشور با همیاری پلیس شهر توانستند ظرف فقط چند ساعت توطئه دشمن را خنثی و رهبران خرابکاران را دستگیر نمایند. دراین عملیات ماموران ناچار به شلیک های هوایی شدند به فرمان اعلیحضرت که در این شلیک ها چند تن از توطئه گران به هلاکت رسیدند. زنده باد اعلیحضرت. *بصیر در گوشه ای می ایستد. شاه و شهبانو هنوز در حال رقص در عمق صحنه هستند.*

هُدا *دستی از بیرون یک روزنامه به هُدا می دهد.*
اعلیحضرت پاینده باد. به اطلاع می رسد که در چند شهر عده ای از مردم به خیابان ها ریخته و با سردادن شعارهای خائنانه از نظام سلطنتی انتقاد کردند.

بصیر *گزارش می دهد.* همه افراد تظاهر کننده عده ای فرستاده اجنبی از آنسوی مرز کشور بودند. آنها به محض حضور در خیابان های شهر مورد شناسایی ماموران امنیتی قرار گرفتند سپس ماموران با آنان مقابله نموده و توطئه گران را پراکنده و دستگیر یا به هلاکت رساندند به فرمان اعلیحضرت.

هُدا *دست از بیرون یک روزنامه دیگر به او می دهد.* تظاهرات ضد حکومتی در چند شهر دیگر.

بصیر *گزارش می دهد.* ماموران امنیتی کشور همچنان در همه جا هوشیارانه حضور دارند. جای نگرانی نیست. *شاه و شهبانو همچنان در عمق تالار می رقصند. چراغ ها رو به خاموشی می روند.*

صحنه دوازدهم

اتاق کار شاه. صبح خیلی زود.

شاه *وارد می شود.* یک مُشت بی عُرضه پول پرست که هیچ هنری ندارند غیر از خایه مالی. اینها یاران ما هستند. مردانی که در اولین فرصت به ما خیانت خواهند کرد. ترسوها. *صدایی او را می ترساند.* کیه؟ سکوت. *سایه ای در تاریک روشنی اتاق تکان می خورد. شاه تپانچه را بیرون می کشد و می خواهد بسوی سایه برود. درد جسمی ناگهان به او هجوم می آورد. تپانچه را در جیب خود بازپس می گذارد. می ایستد رو به حیاط.*

شری *در عمق اتاق ظاهر شده.* اعلیحضرت لطفا هرچه زودتر این پیرمردهای دور و بر خودشان را یکجا و گروهی روانه بکنند به آسایشگاه سالمندان. یک مُشت مرد پیر ترسو در لباس نظام. حیف از اون لباس که اون بی خایه ها به تن دارند. امروز سلطنت نیاز داره به چندتا مرد جوان جویای نام که رخت نظام برازنده اونهاست. مردان نترس که داوطبانه برند به خیابان ها و قائله را یکسره بکنند با مزاحم های خیابانی و تمام کنند این هرج و مرج کور را. جوان هایی که اگر مطمئن باشند بعد از انجام ماموریت هدایای خوب خواهند گرفت آسان تر وارد میدان می شن. من عده ای از اونها را می شناسم. از بابت دل و جراتشان هم کاملن مطمئنم.

شاه نه. حالا نه. نمی خوام خون مردم ریخته بشه. مردم بی گناه که خودشان نمی دونند دارند چکار می کنند. دشمن می خواد ما را وادار بکنه که گلوله سُربی

پرت بکنیم بطرف این مردم. نباید فریب دشمن را خورد. ترسو بودن این مردهای پیر دور و ور اتفاقن یک حُسن هست الان برای ما. تو هم حالا برو بیرون.

شری به خاکی که اعلیحضرت کبیر پدر بزرگوار لای اون دفن شده قسم می خورم که زنان این مملکت با دل و جرات ترند از این بظاهر سرداران ارتش شاهنشاهی. مدال ها و قُپه های زیاد اونها را زیادی سنگین کرده و قُوه حرکت را ازشان گرفته.

شاه *دست بر گوش های خود می گذارد.* نمی خوام بشنوم. *از مقابل شری می گریزد و پناه می برد بسوی در اتاق و در را باز می کند و با هیکل هُدا مواجه می شود.*

هُدا اوضاع مملکت اونطورها هم که در روزنامه ها می نویسند بد نیست.

شاه ترسناکه. *برمی گردد به اتاق. شری رفته است.* ما به استراحت احتیاج داریم، به هوای پاکیزه و جایی دور از اینجا.

هُدا بنده می رم که ترتیب عزیمت اعلیحضرت را بدم.

شاه صبر کن. نمی شه همینجور ول کرد و رفت. اصلن مگه چه خبر شده؟

هُدا خبر مهمی نیست هنوز. پیشامدی ست جزیی در خیابان ها. جای نگرانی نیست. ارتش در خیابان هاست و در حال کنترل اوضاع.

شاه یعنی اینکه ارتش درحال تیرانداختن به مردم در خیابان ها هست؟ کسی در این باره چیزی به ما نگفته هنوز. چه کسی این فرمان را صادر کرد؟

هُدا جسارته اما رفقا گفتند که این فرمان اعلیحضرت بوده. نبوده؟

شاه ما گفتیم گلوله سُربی در نشه بطرف مردم. گفتیم گلوله پلاستیکی در بشه اگه قراره چیزی در بشه بطرف مردم. فرمان به در کردن گلوله سُربی بسوی مردم ندادیم هنوز.

هُدا اگه اعلیحضرت به اعلام حکومت نظامی فرمان بدهند اونوقت دیگه کسی جرات نمی کنه به خیابان بیاد که گلوله سُربی بخوره به تنش و کُشته بشه.

شاه پس هرچه زودتر حکومت نظامی اعلام کنید. نباید کسی بدون دلیل کشته بشه روی این خاک. فرمانده ستاد ارتش را صدا کنید بیاد تا ما به او فرمان بدیم که حکومت نظامی اعلام بکنه.

هُدا بنده قبلن به او گفته بودم که ممکنه اعلیحضرت فرمان جدید داشته باشند. فرمانده ارتش الان همین جاست. در اتاق بغل.

صحنه سیزدهم

خیابانی در شهر. شب.

چند نظامی اسلحه به دست وارد می شوند و اطراف را می پایند. صدای الله اکبر گفتن مردم شنیده می شود. عده ای با بیرق های سبز و سیاه به خیابان می ریزند. نظامی ها می ترسند و عقب می کشند. مردم خشمگین هرچه را می بینند ویران می کنند و با سردادن شعار مرگ بر شاه از جهت دیگر بیرون می روند.

صحنه چهاردهم

اتاق کار شاه. صبح زود.

شاه تنها در اتاق، کلافه است قدم می زند. هدا وارد می شود و می خواهد دست شاه را ببوسد اما شاه دست خود را پس می کشد و می رود کنار پنجره خیره می شود به حیاط.

هُدا امریکایی ها پیغام فرستادند که فعلن هیچگونه اقدام جدی علیه تظاهرات مردم انجام نشه. پیغام دادند که ما کاری نکنیم تا بزودی معلوم بشه که موضوع چیه و این مردم کی هستند و از کجا میان که اینجور دارند شهر را شلوغ می کنند.

شاه از این احمقانه تر دیگه پیغامی نبود که بفرستند این دوستان امریکایی ما؟ خیال می کنند ما نمی دونیم که اونها از این اتفاق خوشحال هستند؟

هُدا شرم آوره.

شاه اما لازم نیست این چیزها را به اونها بگیم. حالا فقط کمک بخواهید از اونها. با هیچ نیروی خارجی نباید بگومگوی بیهوده کرد. ما حالا فقط نیازمند کمک هستیم.

هُدا بله. *هُدا قصد رفتن می کند.* اما چه جور کمکی مورد نظر اعلیحضرت هست؟

شاه چه جور کمکی؟ سوال خوبیه! چه جور کمکی از نیروی خارجی در این مورد بخصوص برمیاد؟

هُدا بهرحال بنده می رم ببینم چکار می تونم بکنم. *می رود.*

ستوان *به اتاق می آید.* تیسمار فردوس اینجا هستند.

شاه بیاد تو.

ستوان بله اعلیحضرت. *ستوان می رود.*

فردوس *در لباس نظام وارد می شود.* اعلیحضرت سلامت باد.

شاه گفتی یک کسی یک پیشنهاد سازنده داده. این روزها داریم دست و پا می زنیم لابلای انبوه پیشنهادات سازنده که هرکدام خرابتر از دیگری از آب درمیاد. تو هم بگو. یک پیشنهاد سازنده دیگه اضافه بکن به این انبوه پیشنهادات بی خاصیت.

فردوس بنده از یک شخصیت فهمیده امریکایی که هم سررشته داره در همه امور کشور ما و هم حامی سرسخت سلطنت اعلیحضرت، تقاضای یک پیشنهاد کردم.

ایشان حرف خوبی زد. یک پیشنهاد سازنده مطرح کرد، به گمان این حقیر. *با احتیاط نگاهی به اطراف می اندازد.* پیشنهاد این هست که چندتا از افراد مشخص و معروف حکومتی را دستگیر کنید و بفرستید به حبس. همین. *باز با احتیاط به سمت در نگاه می کند.* افرادی که مردم هم دل خوشی از اونها ندارند. این افراد مهم را با سروصدا دستگیر بکنید و به حبس بندازید بلکه مردم دلشان کمی خُنک بشه و با این کار راضی بشن و برگردند برند به منزل هاشان.

شاه مردم هنوز دلشان خنک نشده که ما همه سیاسی های راست و چپ را از حبس آزاد کردیم و فرستادیم به منزل هاشان؟ اتاق های حبس سیاسی ها در این کشور الان باید خالی شده باشند. خالی نشدند هنوز؟

فردوس موضوع همینه. سلول های حبس سیاسی های این کشور بدجور خالی شده. اونقدر خالی که خوفناک به نظر می رسه.

شاه خب پس چه می گی؟

فردوس مقصود این که هر حبسی بالاخره چندتا محبوس هم می خواد. باید چندتا محبوس تازه پیدا کرد برای اون سلول های خالی خوفناک.

شاه مثلا چه جور اشخاصی را بندازیم به زندان؟

فردوس چندتا از همین خودی ها را. از همین دور و بری هایی که مردم دل خوشی ازشان ندارند.

شاه چه پیشنهاد پلیدی!

فردوس اما کارساز.

شاه مطمئنی؟

فردوس با نگاهی به تایید آرام سر به زیر می اندازد. شاه در سکوت بطرف بار رفته برای خود مشروب می ریزد و می نوشد و فکر می کند. مدتی بعد هُدا سُرفه کنان وارد می شود. فردوس به گوشه ای از اتاق می رود که دیده نشود. شاه به هُدا خیره می شود، با نگاهی مشکوک.

هدا بنده با پاریس در ارتباط تلفنی بودم. از اشاره های غیرمسقیم اونها اینطور ملتفت شدم که فرانسوی ها هم تمایلی به تغییر رژیم ما ندارند و با ادامه سلطنت اعلیحضرت صد در صد موافق هستند.

شاه *سکوت. بعد رو به فردوس می کند.* گفتی تیمسار بصیر هم اینجاست. بگو بیاد.

فردوس *می رود و از لای در اتاق با بیرون حرف می زند.* تیمسار بصیر بیاد تو.

بصیر *وارد می شود و بطرف شاه دویده دست او را می بوسد.* جان نثار در خدمتم.

شاه تیمسار! *و اشاره میکند به هُدا.* هرچه زودتر این آقا را دستگیر بکنید و به حبس ببرید.

بصیر بله اعلیحضرت. *بسوی در اتاق رفته به بیرون اشاره می کند. دو مامور وارد می شوند.* جناب وزیر را دستگیر کنید آقایان. *دو مامور می آیند و هدا را دستگیر کرده. هُدا گیج شده نمی داند موضوع چیست. ماموران او را بیرون می برند. بصیر نیز به دنبال آنها می رود.*

شاه *با صدای بلند رو به بیرون.* ایشان را در سلول مخصوص زندانی های سیاسی نگهداری بکنید. *ناگهان صدای موهوم و ترسناکی در سر شاه می پیچد.* صدای چه بود؟ چه خبر شده؟ *فریاد می زند.*
پرسیدم چه خبر شده؟

بصیر *به اتاق برمی گردد.* اعلیحضرت! مردم دیوانه شدند. به این ملای پیر لقب امام دادند. یک هاله کشیدند دور سر او. در شهر شایع شده که شکلی از صورت ایشان افتاده روی کُره ماه و منعکس شده روی گردی روشن اون. همسر بنده دیشب شبانه به پشت بام رفت و به ماه نگاه کرد، می خواست ببینه آیا مردم درست می بینند این عکس آقا روی ماه را و یا فقط خیال می کنند این ملت زود باور. *شاه فقط به او خیره شده است و بصیر همچنان ادامه می دهد.* بنده حقیر گمان می کنم انگلیسی ها به کمک صنعت پیشرفته ژاپن تونستند توسط ماهواره یک عکس از اون پیرمرد را یکطوری بیندازند روی تصویر ماه در شب تاریک. همسر این حقیر قسم می خوره که عکس خود شخص امام را روی روشنی ماه مشاهده کرده. خود خودش بوده. اینجور که همسر این جانثار می گه. *شاه همچنان به او نگاه می کند.*

شاه *رو می کند به فردوس که کنار بار لمیده.*
تیمسار!

فردوس بله اعلیحضرت.

شاه برو بگو مامورها بیایند داخل. *فردوس می رود دم در و به ماموران علامت می دهد که وارد شوند. دو مامور به اتاق می آیند. شاه به ماموران فرمان می دهد.* هرچه سریعتر این آقا را هم دستگیر بکنید. *دو مامور بصیر را دستگیر می کنند.*

بصیر به چه جرمی اعلیحضرت؟

شاه به یادمان هست مدتی پیش از تو خواستیم که فهرستی به ما بدی از نام همه افراد سیاسی تیرباران شده. فرمان دادیم که هرچه زودتر به ما برسانی اون لیست را. خب چه شد اون لیست تیمسار؟ اجرای فرمان چه شد جانثار پیر؟

بصیر فهرست مربوطه هنوز درحال تنظیم ست و به زودی ارائه می شه به شخص اعلیحضرت.

شاه *به ماموران فرمان می دهد.* این آقای امنیتی را ببرید برای یک حبس طولانی مدت. *ماموران بصیر را دستبند زده و از اتاق بیرون می برند.* ایشان را هم ببرید به سلول مخصوص محبوسان سیاسی. *شاه مشروب می نوشد و می رود*

مقابل آینه. اما همه این کارها تُف سربالاست. خود گول زنی هست. دست و پا زدن لابلای گند و گُه.

شری *آرام به اتاق می خزد اما فردوس او را نمی بیند. فقط شاه قادر به دیدن شری است.* اعلیحضرت ناامید نباشه.

شاه *اسلحه می کشد و بطرف شری نشانه می رود.* دشمن تو هستی. باید با شلیک یک گلوله سرت را خُرد خاکشیر بکنم. تو من را به این جهنم کشاندی. من می خواستم یک آدم معمولی باشم. می خواستم به زوریخ برم و یک فرش فروشی معمولی راه بندازم. روزها کار می کردم و شبها ولو می شدم توی کافه های الواتی. بدون محافظ. بدون ترس.

شری اعلیحضرت به هرکس می تونه این حرف را بگه غیر از خواهر شری چون خواهر شری خوب می دونه که اعلیحضرت همیشه عاشق این مقام بود و برای ماندن در مقام پادشاهی خیلی کارها کرد. مقاومت مقابل دشمنان خارجی، فرمان به قتل دشمنان داخلی، برپایی چوبه های دار و جوخه های اعدام، زندان ها پُر شد از مخالفان و دانشجوهای جوان که در حبس پیر شدند.

شاه من نبودم. به فرمان من نبود. من نمی خواستم. گفتم بودم نکنند. کردند. بدون اطلاع من.

شری اعلیحضرت دلواپس نباشه چون همه آن فرمان ها البت که به حق بودند و برای حفظ سلطنت و برای نظام مملکت صادر شدند. برای رفاه حال این مردم بی چشم و رو بود که دست اعلیحضرت به خون آلوده شد.

شاه دست من به خون آلوده نیست. دست من پاکه، به پاکی قلبم، این دل که همیشه نبض وطن در اون می تپه. خدا خودش می دونه که نیت من همیشه پاک بود برای سربلندی وطن عزیز.

شری هرگونه خونریزی که برای مصلحت نظام باشه حلال و رواست. این در کتاب های مقدس هم مکتوب شده برادر.

شاه باید به زوریخ می رفتم. باید یک زندگی بدون ترس اختیار می کردم. بدون درد. *نوک تپانچه را بر شقیقه خود می گذارد. ناگهان تاریکی.* چه شد؟

صدای فردوس برق قطع شد انگار اعلیحضرت.

صحنه پانزدهم

تالار کاخ. صبح.

شاه ایستاده و منتظر کسی است.

وزیرفرهنگ و هنر *وارد می شود.* جادوی لُغات اعلیحضرت. فقط لُغته که می تونه مردم را راضی و ساکت بکنه. مقداری لغات خوش قد و قامت با عبارت های خوشتراش. لغاتی که با صدای لبریز از عاطفه و به شدت حساس شخص اعلیحضرت از درون شیارهای رادیو بیرون میاد یا که ظاهر می شه روی صفحه شفاف تلویزیون تا بنشینه به دل مردم. لغاتی که روراست هستند با مردم، قوی هستند و از عمق دل لبریز می شن به بیرون. *یک برگه کاغذ به شاه می دهد و خود بیرون می رود.*

صحنه شانزدهم

اتاق کار شاه. صبح.

شاه وسط اتاق است. آماده سخنرانی برای مردم. میکروفن ها و دوربین ها مقابل او قرار دارند. همه آماده اند برای ضبط صدا و تصویر. شاه برگه کاغذی در دست دارد. نگران است. فردوس می آید یک گیلاس مشروب به او می دهد. گیلاس پُر است. شاه مشروب را یکنفس سر می کشد. فردوس گیلاس خالی را پس می گیرد و سرانجام به جایی بیرون از اتاق علامت می دهد که شروع کنند. خود او هم دست به سینه در گوشه دیگر می ایستد. شاه پس از مدتی ترس و تردید بالاخره متن سخنرانی را برای میکروفن های رادیو و رو به دوربین تلویزیون می خواند.

شاه ملت بزرگ! مردم بزرگوار. هموطنان عزیز! من در مقام شخص اول این مملکت، صدای انقلاب شما را شنیدم. *بُغض راه گلوی او را می بندد.* اینجانب به عنوان رهبر و پادشاه همه شما مردم غیور و وطن پرست از شما ملت شریف خواهانم که. خواهانم که. سکوت. *شاه دیگر نمی تواند ادامه بدهد. مدتی در همان حال می ماند. بعد بالاخره برگه کاغذ را پایین انداخته و می زند زیر گریه.*

فردوس *با عجله جلو آمده به دیگران فرمان می دهد.* خاموش کنید.

صحنه هفدهم

سالنی در کاخ. صبح.

سالن روشن می شود. مستخدم درحال پس زدن پرده ها است. نور می آید توی تالار. شاه و شهبانو، گفتگوکنان وارد می شوند.

شاه حالا چه؟ دیگه چه کاری می شه کرد بعد از گریه کردن؟ پایین اوردن خود تا حد یک زن که ارزان ترین و گران ترین سلاح او گریه هست. توجه دیگران را گدایی کردن. اینجور تحقیر شدن. دیگه چه کاری می شه کرد برای این وطن عزیز؟

شهبانو رفتن و دور شدن از این وطن عزیز، عزیزم. بیا بریم. بریم به یک جای دور. بزودی باز برمی گردیم به خانه خودمان البته معلومه اما فعلن فقط بریم. خواهش می کنم.

شاه به همین سادگی هم نیست زن.

شهبانو توی اون سال های گذشته هم هروقت اوضاع مملکت دچار مشکل مشابه می شد یا گیر می افتاد توی همچین مخمصه ای، اعلیحضرت اسباب سلطنت را جمع می کردند و به کُلی خارج می شدند از مملکت. چندین مرتبه تا به حال اتفاق افتاده.

شاه مقصودت این هست که تا یک خبری می شد این اعلیحضرت ترسو می زد به چاک؟ فرار می کرد این اعلیحضرت بُزدل؟! داری این را به من حالی می کنی با گفتن این که: اعلیحضرت بساط سلطنت را جمع می کردند؟ پس چه مقصود دیگه ای در این حرف هست؟

شهبانو مقصودم این بود که اعلیحضرت به وقت اوضاع هرج و مرج از کشور خارج می شدند تا مملکت دومرتبه آرام بگیره و ایشان برگردند.

شاه تو داری من را تحقیر می کنی، می دونم. خوب فرصتی برای این کار پیدا کردی. بگو. تو هم تحقیر بکن ما را ای همسر گرامی. ای شهبانوی ارجمند.

شهبانو معذرت می خوام عزیزم. من منظور بدی نداشتم. عُذر می خوام. ترسیده‌ام.

شاه بهرحال تو درست می گی. ماندن ما در اینجا کار را بهتر نمی کنه بلکه ممکن هست بدتر هم بکنه اوضاع را. باید رفت. در این موقعیت حساس هر خونی که از دماغ مردم این کشور ریخته بشه نوشته می شه به حساب ما. اما همینجور هم نمی شه رفت. *مشروب می نوشد.*

شهبانو خواهش می کنم اعلیحضرت ناامید نباشند. بالاخره هنوز امیدی هست.

شاه امید که هست. امید فراوان هست در این هوای آلوده مسموم اما امیدی برای اعلیحضرت شما نیست دیگه شهبانو خانم. *زیرلب می نالد.* امید هست اما نه برای ما. *می نوشد.*

شهبانو پس هرچه زودتر بریم بهتره. نیست؟

شاه نمی شه مملکت را ول کرد بدون صدراعظم. کشور درحال حاضر صدراعظم نداره. اونهایی را که ممکن بود به درد این کار بخورند برای خوشامد مردم فرستادیم به حبس که چیزی عوض بشه اما چیزی عوض نشد. نمی خواد عوض بشه. تمام شد.

شهبانو اعلیحضرت فرمان دادند که پیران سیاست یک صدراعظم پیدا بکنند. اگه بشه کسی را پیدا کرد که این مقام را قبول بکنه. توی این وضعیت نامعلوم جهنمی باید مردی پیدا بشه که هم نترس باشه و هم به اندازه کافی جاه طلب.

شاه شاید هم فقط لازمه که جاه طلب باشه طرف و البته کمی هم وطن پرست.

شهبانو *از پنجره اتاق به بیرون اشاره می کند.* اعلیحضرت درست فرمودند. یک شخص وطن پرست داره برای پذیرش پست صدارت وارد حیاط کاخ می شه. سیگار کشیدنش به اندازه کافی جاه طلبانه هست.

صحنه هجدهم

ایوانی در حیاط کاخ ریاست جمهوری مصر. عصر.

صدای موسیقی عربی از درون کاخ شنیده می شود.
شاه در فضای باز نشسته و مشروب می نوشد. شهبانو نیز در ایوان کنار نرده ایستاده است و با چشمان خیس از اشک به باغ نگاه می کند.

شاه چند هفته هست که ما در قاهره هستیم و تو فقط داری گریه می کنی.

شهبانو چه کار دیگه ای از من بر میاد؟ نمی شه این اخبار وحشتناک را شنید و گریه نکرد. اخبار خیانت از جانب آدم هایی که اونهمه نزدیک بودند به اعلیحضرت. مکث. اعلیحضرت هیچوقت به دور و بری های خودشان اعتماد نداشتند.

شاه برای اون احمق های ترسو مهم نیست من شاه مملکت باشم یا دشمن من.

یک پیشخدمت مصری *می آید.* اعلیحضرت و شهبانوی گرامی! رئیس توی تالار منتظر شماست. گفت که برای صرف عصرانه به ایشان و افرادخانواده ملحق بشوید.

شهبانو *سعی می کند لبخند بزند.* بله. بسیار خوب. به رئیس بگو ما داریم می آییم. *پیشخدمت می رود. شهبانو یک آینه کوچک از جیب درمی آورد و اشک هایش را در آینه پاک کرده و خود را برای رفتن به داخل تالار آماده می کند.*

شاه از طرف من به رئیس و افراد خانواده بگو که من دارم از هوای خنک اینجا لذت می برم. بگو هوای خنک برای من بهتره. تو برو. برای من هم تنهایی بهتره و هم هوای سرد. باید به هردو عادت کنم. وقتی آدم می میره او را می اندازند داخل قبر سرد لای زمین سرد، تنها. باید عادت کنم به سرما و به تنهایی. عادت بکنم به مرگ.

شهبانو می رود.

صحنه نوزدهم

تالاری در کاخ ریاست جمهوری در قاهره. صبح.

رئیس جمهور، مردی شصت ساله و همسر او زنی پنجاه و پنج ساله در تالار درحال گفتگو هستند.

همسر رئیس یعنی بیشتر از این نمی تونیم اونها را در اینجا نگه داریم؟ آخه اونها مهمانان ما هستند.

رئیس وضعیت کشور بخاطر حضور اونها در اینجا بهم ریخته. با مشکلات زیادی مواجهم. مطمئن باش که خدا هم نمی خواد من بخاطر کس دیگه ای در خطر باشم.

همسررئیس اونها برای من خودی هستند. بالاخره من هم خون ایرانی توی بدنم هست. بخاطر من هم که شده بذار کمی بیشتر بمانند اینجا.

رئیس من هم با اینکه خون ایرانی توی بدنم نیست دلم می خواد که اونها برای همیشه همین جا ماندگار بشن اما خودت که اوضاع خراب مملکت را می بینی.

همسررئیس از کجا مطمئنی که خون ایرانی توی بدن تو هم نیست رئیس؟

رئیس حتی اگه بقول تو خون ایرانی هم در بدنم باشه، که بعید نیست، باز هم نمی تونم کاری برای اونها بکنم.

همسر رئیس حیف. بیچاره شهبانو.

صحنه بیستم

حیاط کاخ ریاست جمهوری مصر. بعدازظهر.

شاه که لباس سفر به تن دارد و آماده برای عزیمت، همراه با رئیس به ایوان می آید.

رئیس درسته که من به عنوان رئیس جمهور این کشور نگران حضور تو در اینجا هستم اما هرگز یادم نمی ره که تو دوست خوب خانواده ما هستی. ما همگی مایلیم از تو و از خانواده ت مراقبت بکنیم.

شاه حالا که داری ما را از خانه و از کشور خودت می اندازی بیرون که رفیق قدیمی.

رئیس خواهش می کنم اشتباه نکن. من این را بخاطر امنیت خودت می گم. تو اخبار را بیشتر از من دنبال می کنی. کشور ما پُر شده از اسلامی های تُندرو تروریست. اگه رژیم تازه کشورت بتونه تو را در اینجا ترور بکنه متاسفانه محبوبیت بیشتری برای مردم پیدا می کنه. شانس این کار را هم در اینجا زیاد داره. خود من هم مدتی ست خواب می بینم به ضرب گلوله اسلامی ها کشته می شم. این اتفاق می دونم که بالاخره می افته. مردم این سرزمین مردم عجیبی هستند. مردمی غیرقابل پیش بینی.

شاه مردم سرزمین من اما هنوز عاشق من هستند.

رئیس *به لحن تردید.* خب. بله. شاید. البته.

شهبانو *چمدان به دست می آید.* ما حاضریم.

رئیس شما به مراکش می روید. پادشاه اونجا دوست خوب و یار همیشگی شما با اشتیاق زیاد منتظر پذیرایی از شماست.

صحنه بیست و یکم

یک ویلای ساحلی در مراکش. عصر.

اردی، مردی پنجاه و پنج ساله به سالن ویلا می آید. در گوشه ای می ایستد و با شاه که توی حمام است و دیده نمی شود حرف می زند.

اردی این مرتیکه می گه که از طرف پادشاه اومده اعلیحضرت. یک پیام مهم و بقول خودش عاجل داره. ده دوازده تا مرد قلچماق هم به عنوان گارد و نگهبان همراه خودش اورده. احمق ها. انگار با جنایتکار طرف هستند.

صدای شاه *از لای درز در حمام شنیده می شود.*
بهش بگو به پادشاه بگه که دوش این حمومک خراب شده. ببین! باید با کاسه آب از شیر بگیرم و بریزم روی سرم.

صدای شهبانو *از توی حمام شنیده می شود.* فقط بشینید همینجا اعلیحضرت. من خودم آب می ریزم روی سرتون. اردی خان این مرتیکه نگفت که پیام مهم او چیه؟ *صدای آب قطع می شود.* حالا اعلیحضرت لطفن با احتیاط از جا بلند بشین و یواش این حوله را تنتون کنید. آروم و یواش.

اردی چرا شهبانو. این مرتیکه گفت که پیام او چیه. *شاه که حوله بلندی پوشیده از داخل حمام به سالن می آید. شهبانو هم پشت سر او ظاهر می شود. هردو به اردی نگاه می کنند و اردی ادامه می دهد.* خب. راستش این یارو پیام

چندان خوشایندی نداره. مکث. پادشاه پیام فرستاده که اعلیحضرت و همراهانشان همگی باید کشور مراکش را ترک بکنند. ظرف بیست و چهار ساعت آینده.

شاه *سکوت. بعد ناگهان می خندد.* اشتباه می کنی اردی. این مرتیکه پیام آور پیام عوضی اورده. این پیام از جانب پادشاه نیست. او با من رفیق و همکار بوده. سال های سال. یکجور رفاقت درست حسابی بین ما هست. نمی شه که همینجور ول بشه اونهمه رفاقت و صمیمیت. اصلن تلفن را بده تا خودم با او حرف بزنم. زبان اون پفیوز را فقط من می فهمم.

اردی تلاش بیهوده نفرمایید اعلیحضرت. متاسفانه رفیق و همکار اعلیحضرت درحال حاضر خودش را پنهان کرده و در دسترس نیست. به فرستاده ش پیغام داده به اعلیحضرت بگه که در همین مدت دو ماه و چند روز که به شما پناه داده این کشور با مشکلات و تهدیدهای زیادی از طرف دشمن مواجه بوده. البته روزنامه های فرنگی هم نوشتند در این باره. یارو ترسیده. سکوت.

شاه یکهو *با یک حرکت تند و سریع تپانچه خود را برمی دارد و با عجله بطرف در خروجی می دود.*
می کُشمت ای مردک عرب نمک نشناش بیرحم.

اردی از جای خود می پرد و شاه را در آغوش می گیرد و با خنده تپانچه را از دست او بیرون می کشد و آنرا به دست شهبانو می دهد و شهبانو تپانچه را می گذارد زیر تشک یک کاناپه.

اردی اعلیحضرت باید فقط به فکر سلامتی خودشان باشند نه چیز دیگه.

شاه می بینید که این قُرمساق بعد از اونهمه رفاقت که ما با هم داشتیم و سال ها مهربانی و دست و دلبازی به او، حالا داره با بی شرمی ما را از خاک سرزمین خودش می اندازه بیرون. به همین آسانی. عجیب نیست؟

اردی جسارته اما دیگه عجیب نیست که کسی یک شاه از تاج و تخت افتاده را تحویل نگیره.

شاه تاج و تختمان را از ما گرفتند، ثروتمان که هنوز موجود هست.

اردی متاسفانه او هم حالا خودش اونقدر ثروتمند شده که ثروت کس دیگه براش مهم نیست. مهم برای او تاج و تخت اعلیحضرت بود.

شاه تاج سرقت شده. تخت به تاراج رفته. حتا امریکایی ها که در گوش ما عاشقانه زمزمه می کردند که همیشه حتا در اتفاقات ناگوار حامی و پشتیبان ما خواهند بود به ما پشت کردند. چرا؟

اردی *شاه را بر صندلی می نشاند.* اونها اولین کسانی بودند که جا زدند.

شهبانو نُمره سفارت فرانسه را برای من بگیر لطفن اردی خان. گوشی را بده به من خودم با اونها حرف بزنم. *اردی با ناامیدی به سراغ تلفن می رود و شماره می گیرد. بعد گوشی تلفن را که متحرک است می دهد به شهبانو. شهبانو گوشی را بر گوش می گذارد و سعی می کند چیزی بشنود. بعد با خوشحالی می گوید.* داره

زنگ می زنه. من می رم به اتاق بالا که صدا را بهتر بشنوم. خبرش را برای شما میارم به بزودی. *می رود.*

اردی شهبانو بیهوده سعی می کنند.

شاه می دونم. همه زن ها بیهوده سعی می کنند. هیچوقت امیدی به زن ها نبوده.

اردی و هرگز هم نخواهد بود. *می خندد.*

شاه صحیح است. هرگز نخواهد بود. *هردو با صدای بلند به حرف خود می خندند. شاه به سُرفه می افتد.*

اردی اعلیحضرت حالشان خوبه؟

شاه تو از زن حرف زدی و من به یاد بریتانیا افتادم. از اونها چه خبر داری؟

اردی بریتانیایی ها هم متاسفانه به تقاضای ویزای اعلیحضرت پاسخ رد دادند.

شاه جنده! دیگه هیچ کشوری در این دنیای بزرگ تحمل قدم های من را روی خاک خودش نداره. همه شان از امریکایی ها وحشت دارند. ببین یک کشور به این جوانی چطور تونست یکهو بشه حاکم دنیا، سرور همه. هر رژیمی را که بخواد نگه می داره و هر رژیمی را نخواد فوری کله پا می کنه. به همین آسانی. فقط به قدرت پول و اسلحه.

اردی اعلیحضرت زیادی عصبانی هستند.

شاه عصبان هستم و هذیان می گم. مقصودت همین هست. چون تو هنوز باور نکردی که غربی ها چندین سال پیش چطور یکهو تصمیم گرفتند دست به یکی بکنند و ما را از قدرت بکشند پایین. فقط بخاطر موضوع نفت. ترس برشان داشته بود که ما داریم دست اونها را از مُفتخوری کوتاه می کنیم. خیال کردند می تونند از جیب ملاها بیشتر کاسبی بکنند. به همین خیال باشند حالا حالاها. باشه. تو باور نکن و پوزخند بزن. حرف های من به گوش تو یک مُشت هذیان از یک شاه شکست خورده در آخرین لحظات زندگی هست. *از جای برخاسته و می خواهد از ویلا بیرون برود.* حالا بی زحمت از جلو راهم کنار برو چون من می خوام تنهایی برم لب آب. نمی خوام این زن دنبالم راه بیفته. جلوش را بگیر اگه خواست بیاد. می خوام تنها باشم.

اردی بله. اما خواهش می کنم اعلیحضرت یادشان باشه که ما باید با آرامش و خونسردی سعی بکنیم یک جای مناسب برای اقامت بعدی اعلیحضرت پیدا بکنیم. هرچه زودتر. این پادشاه ابله به فرستاده خودش دستور داده که اگه تا فردا شب از کشور خارج نشید شما را به نیروهای مسلح رژیم ایران تحویل بدن.

شاه گُه خورده. با دوستان امریکایی تماس بگیر. نه با سیاستمدارها. گند گرفته سیاستمدارها را. با دوستان واقعی تماس بگیر. با همکارها. دلالها با شرفت تر از سیاستمدارها هستند. *خارج می شود.*

صحنه بیست و دوم

ساحل. ادامه همان شب.

شاه بطرف دریا می رود. به آب نزدیک می شود. پشت سر او بروی ماسه عده ای تابوتی را حمل می کنند. روی تابوت تاج پادشاهی او نشانده شده. حمل کنندگان تابوت در سکوت می روند و دور می شوند. شاه آرام و با تردید بطرف آب پیش می رود. اولین موج آب که به پاهای او می خورند صدای خنده زنانه ای از پشت سر شنیده می شود. شاه می ایستد.

شری *ظاهر شده است.* صبر کنید اعلیحضرت.

شاه تو اینجا چه می کنی؟ از جان من چه می خوای؟

شری من از اعلیحضرت جدا نیستم. *نزدیکتر می شود.* برادر! اگه قراره یکی از ما به اراده خودش به استقبال مرگ بره باید اون یکی را هم همراهش ببره. خواهش می کنم من را هم همراه خودت ببر.

شاه تو برو زندگی خودت را بکن. وضع من با تو فرق داره. برو. مرگ دور سر من می چرخه نه تو.

شری مرگ اعلیحضرت برادر و مرگ خواهر شری باهم فرق نداره چون اونها هردو یکی هستند، یک روح در دو قالب، یک قلب در دو سینه. *گوش خود را بر سینه شاه می خواباند.* می شنوی اعلیحضرت که شتابی داره این قلب؟

شاه پس تا وقتی این شتاب به اراده خودش متوقف نشده من باید همچنان عذاب بکشم؟

شری هرکدام از دو نیمه ما خودش را بکُشه نیمه دیگر او تنها می مونه و تا لحظه مرگ چیزی جز حیرانی و سرگردانی نصیبش نمی شه. به خواهر شری رحم کن برادر.

شاه بهرحال من دارم خیلی زود می میرم با اینکه خودم نمی خوام اما چاره ای نیست.

شری این فرق داره.

شاه مُردن با مُردن چه فرق داره؟

شری مُردن به خواست خود یا به خواست خدا.

شاه به خواست این خدای مسخره؟ چه احمق بودم من که به وجود او باور داشتم.

شری *می خندد.* خدا برای اعلیحضرت کمک فرستاده. یکی از دوستان داره او را می بره به یک جزیره دور قشنگ با آفتاب و آسمان صاف و دخترهای جوان زیبا و چیزهای دیگه ای که اعلیحضرت دوست داره. دوست ما پیغام داده که اعلیحضرت دلواپس نباشه چون هنوز محبوبه در مقام شهریار محبوب پارسی. من هم دیگه باید برم. شهبانو داره میاد با یک خبر خوب.

شری با لبخند می رود و در خط بین آب و ساحل پشت به شاه دور می شود.

شهبانو *بطرف شاه می دود.* اعلیحضرت! ما می ریم به یک جزیره زیبا. باید عجله کنیم. طیاره آماده بُردن ما به اونجاست.

شاه به کجا؟

شهبانو *دست شاه را گرفته و او را بطرف ویلا می کشد.* به پاناما.

صحنه بیست و سوم

یک کاباره در کشور پاناما. شب.

موسیقی و رقص و مشروب. کاباره ای ویژه ثروتمندان. عده ای در کاباره وُل می خورند. عده ای می رقصند. از نیمه شب گذشته. مدتی بعد موسیقی رفته رفته کم می شود. آدم ها محل را خلوت می کنند. صدای موسیقی کم و کمتر می شود.

صحنه بیست و چهارم

یک ویلا در پاناما. شب.

شاه و شهبانو از تفریح شبانه به ویلای محل اقامت خود برمی گردند. اردی در سالن ویلا به انتظار آنان نشسته است، درحال روزنامه خواندن.

شاه اوه اردی. تو برگشتی.

اردی *به احترام از جای برمی خیزد.* اعلیحضرت سلامت و سرحال هستند.

شاه *مستانه می خندد.* شب خوبی بود. خوش گذشت. خوش می گذرد و ملالی نیست در این جزیره زیبا بر خاک کشور پاناما. این کشور مرموز. تو هنوز روزنامه می خونی اردی؟ یعنی تو هنوز اینقدر ساده ای که خیال می کنی ممکن هست چیز مفید و به درد بخوری در این کاغذ آشغال ها پیدا بکنی؟ درخت های بیچاره را قطع می کنند که کاغذ بسازند برای چاپ زدن روزنامه. درخت به اون زیبایی را تبدیل می کنند به یک مُشت کاغذ زشت که حتا نمی شه با اون کون پاک کرد.

اردی من روزنامه را فقط برای گرفتن اخبار می خونم.

شاه یک مُشت اخبار دروغ.

اردی گاهی وقت ها هم اخبار واقعی.

شاه باور نکن اردی. دیگه اخبار واقعی در روزنامه ها طبع نمی شه.

اردی متاسفانه گاهی وقت ها اخبار واقعی هم طبع می شه. البته فقط اخبار بد واقعی.

شهبانو من موافقم.

شاه *ترسیده خیره به اردی می ماند.* انگار باز هم خبر بد داری برای ما اردی. سکوت. *از او فاصله می گیرد.* لطفا دیگه خبر نده. نمی خوام بشنوم. هرچه هست. خواهش می کنم نگو حتا اگه خودم ازت بخوام که بگی.

اردی بله. سکوت.

شاه *ساکت اما بی قرار است.* نمی تونم تحمل بکنم. *باز بطرف اردی می آید.* بگو اردی. بگو.

اردی تیمسار بصیر توسط رژیم آخوندها اعدام شد.

شهبانو ای وای. تیمسار بیچاره. چه بدجور گیر افتاد به چنگ ملاها. اونهم می تونست از کشور بیاد بیرون. چی شد که نتونست فرار بکنه؟

اردی او در زمان هجوم مردم به زندان ها هنوز در حبس بود.

شهبانو اعلیحضرت فرمان به حبس او داده بودند اما فرمان نداده بودند که او برای همیشه بمونه همونجا. او هم باید می زد به چاک و می اومد بیرون از کشور.

اردی خود او هم بدشانسی اورد.

شاه بد شانسی او این بود که در یکروز غلط به دفتر کار ما اومد. چاره ای نبود جز فرستادن او به حبس. مقصود ما اما آزار دادن او نبود. فرمان داده بودیم اتاقی بزرگ با کلیه تجهیزات مورد نیاز به او بدن. ما تقصیری به مرگ او نداشتیم. نداریم. نمی خواستیم حتا خونی از دماغ او ریخته بشه. سرنوشت با او یار نبود.

اردی همچنان که سرنوشت با جناب هُدا یار نبود.

شهبانو آقای هُدا؟! مگه چه اتفاقی برای او افتاده؟

اردی ایشان هم صبح امروز با شلیک گلوله توسط یک ملا کشته شد.

شهبانو اوه. نه. خدایا. چه ظلمی! اعلیحضرت شنیدند؟

شاه به اعلیحضرت چه کار داری تو زن؟ اعلیحضرت نمی خواد این اخبار را بشنوه. جناب هُدا با اونهمه دانش در علم فلسفه و مردی پیر سرشار از تجربه در امور فرهنگ و سیاست، باید می فهمید که نباید در اونروز بخصوص به دفتر اعلیحضرت وارد بشه و مزخرف بگه و حرف مُفت بزنه. کلام بی معنی. حماقت. این

بود که او را فرستاد به جوخه آتش دشمن نه اعلیحضرت. اعلیحضرت او را دوست داشت. خیلی دوستش داشت. مقصر من نبودم. مقصر کسان دیگه بودند. قُرمساق‌ها.

صحنه بیست و پنجم

همان ویلا در پاناما. نیمه شب.

شاه و شهبانو و اردی در سالن ویلا هستند.

اردی بنده که گفتم اعلیحضرت خوب و سرحال هستند امشب. اشتباه نکردم.

شاه نه اشتباه نکردی. اعلیحضرت باید خوب و سرحال باشند. شنیدن اخبار بد دیگه هیچ تاثیری در حال او نداره. خبر بد برای او چیزی هست بی معنی. *رو به شهبانو می کند.* زن! تو به اردی بگو که ما چقدر خوش و سرحالیم اینجا.

شهبانو *کرم به ساق پاهای لُخت خود می مالد.*
راستش در این مدت دو ماه که در اینجا هستیم شب های خوش و سرحال کم نداشتیم. من عاشق موسیقی این کشورم. مردمش هم مهربانند. مهربان نیستند اعلیحضرت؟

شاه بله. خوب یاد گرفتند که چطور با پولدارها مهربان باشند. حرفه اونها همین هست.

شهبانو خب این دیگه شده رسم جا افتاده و پذیرفته شده روزگار امروز. واضح و بدون تعارف، اگه بی پول هستی در هیچ کجا جایی نداری.

شاه فعلا ما هم که اینهمه پول داریم هیچ کجا جایی نداریم. مگه نه اردی؟

اردی مریضخانه ای در نیویورک موافقت کرده که اسباب عمل جراحی اعلیحضرت را فراهم بکنه و یکی از بهترین اتاق های عمل خودش را در اختیار جراح اعلیحضرت بگذاره. دکترهای اونجا پرونده و عکس های پزشکی را دیدند و تشخیص دادند که اعلیحضرت باید هرچه زودتر به اتاق جراحی فرستاده بشن. گفتند که وقتی اون غُده زهر از تن ایشان بیرون بیاد ناخوشی اعلیحضرت رفع می شه به کُلی.

شاه مطمئن که نیستند. فقط حرف می زنند.

اردی به چیزی که دیگه نمی شه مطمئن بود اما گویا جراح های خوبی دارند.

شاه لابد اون مریضخونه نیویورکی در مقابل این خدمات به ما، یک مبلغ کلان هم از ما درخواست کرده. فکر کردند مزخرفاتی که درباره دارایی ما در بانک های خارج در روزنامه ها چاپ زدند حقیقت داره. احمق ها.

شهبانو یک مریضخونه در نیویورک! چه خبر خوبی! پس دولت امریکا بالاخره موافقت کرد که اجازه ورود به کشور بده به ما. چه خوب. چرا این را زودتر نگفته بودی اردی؟ خبر به این مهمی! به این خوبی! خدا را شُکر. بعد از عمل جراحی هم یکراست می ریم به کالیفرنیا. من اونجا را بیشتر دوست دارم. نیویورک شهر شلوغیه. اعلیحضرت شهر نیویورک را دوست دارند البته. خب گاهی هم می تونیم در اونجا بمونیم. اگه اداره امنیت امریکا خدمات کامل مراقبت های امنیتی را به ما

بده. در این مورد با اونها مذاکره کردید؟ درباره خدمات کامل مراقبت های امنیتی و محافظت از جان اعلیحضرت؟ ای خدا متشکرم. پس من می رم به مادرم خبر بدم. همه باید بدونند که ما داریم به امریکا می ریم بالاخره.

اردی لطفن شلوغش نکنید شهبانو. در این مورد هم با کسی هیچگونه تماسی نگیرید. شهبانو من را می بخشند که ناچارم دیوار رویاهاشان را با اطلاعاتی که هم اکنون می دم خراب کنم. عذر می خوام شهبانو. موضوع اینه که روز جمعه ساعت چهار بعد از ظهر یک طیاره کوچک اعلیحضرت و شما را به مقصد نیویورک می بره. در فرودگاه اونجا اجازه دیدار با هیچکس را ندارید. هیچ کس. ماموران امنیتی شما را از دم طیاره سوار ماشین مخصوص می کنند و تا داخل مریضخانه همراهیتان خواهند کرد. در مدت اقامت در اونجا شما حق ندارید از تلفن استفاده کنید. کسی هم نُمره تلفنی از شما نداره. هیچ کس. شما اجازه خروج از اتاق مخصوص خود را نخواهید داشت. وقتی هم مدت اقامتتان تمام می شه همان نیروهای امنیتی امریکایی می آیند و اعلیحضرت و شما را با همان اتوموبیل مخصوص از داخل مریضخانه می برند به پای طیاره ای که منتظر حمل شماست. سکوت. به کجا؟

شاه به کجا؟

اردی خدا می دونه مقصد بعدی کجا باشه.

شهبانو یعنی ما را دومرتبه برمی گردونند به همین اینجا؟ بعد از عمل جراحی ما باز باید برگردیم به همین جا؟ نه. من دیگه دلم نمی خواد به اینجا برگردم. اصلن دلم نمی خواد.

اردی متاسفانه به اینجا هم دیگه نمی تونید برگردید، چون به محض اینکه از خاک این کشور خارج بشید دیگه اجازه برگشت و ورود به شما داده نمی شه.

شهبانو این قانون این کشوره یا فقط برای ما اینجوره؟

اردی متاسفانه درباره وضعیت اقامت اعلیحضرت اینطور تصمیم گرفته شده. دولت پاناما دیگه نمی خواد که اعلیحضرت بیشتر از این در اینجا باشند. می گن حوصله سروکله زدن با تروریست های اسلامی را ندارند. منتظر بهانه ای هستند که اعلیحضرت از مرز بیرون برند تا بعد از خروج راه برگشت را بروی ایشان ببندند.

شهبانو یعنی چی؟ نمی فهمم. پس بعد از عمل جراحی ما باید به کجا بریم؟ برای گذران دوره نقاهت اعلیحضرت به یک جای مناسب نیاز داریم. یک جای خوش آب و هوا مثل کالیفرنیا. پیش بچه هامان. من دلم برای اونها تنگ شده. اعلیحضرت هم دلشان برای بچه هاشان تنگ شده. پس خود تو چکار می کنی اردی؟ تو می ری به کجا؟

اردی من به منزل خودم برمی گردم شهبانو.

شهبانو منزل تو هم که در کالیفرنیاست. اونجا هم امریکاست!

اردی همینطوره.

شهبانو چطور تو راحت می تونی به هرکجا که دلت بخواد بری و بیای اما ما برای سفرمان اینهمه دردسر داریم؟ موضوع چیه؟

اردی کسی دنبال من نیست.

شهبانو چرا کسی دنبال تو نیست؟

اردی چون دست بنده به خون کسی آلوده نیست.

شهبانو مقصودت اینه که دست اعلیحضرت به خون دیگران آلوده ست؟

اردی این چیزی ست که دشمن می گه. من نمی گم.

شهبانو دروغه. یک حُقه ست. همه تان دروغ می گید، حُقه می زنید. لعنت به این دنیای دروغگوی بی شرف. حُقه بازها. *با گریه خارج می شود.*

شاه *درد دارد و می نالد.* این زن ها کی می خوان بفهمند؟ این امریکایی ها چه مرگشان شده؟ چرا خیال کردند می تونند با این رژیم مذهبی وحشی کنار بیان؟ کی هست که یک جوابی به من بده؟

اردی با اجازه بنده می رم به رختخواب. صبح زود باید بیدار بشوم. اعلیحضرت خوش بخوابند. شب بخیر. *می رود.*

شاه *چند لحظه در سکوت و تنهایی می ماند. بعد ناگهان از جای بلند می شود و فریاد می زند.* پس به امام هشتم تلفن بزن. به علی بن موسی الرضا تلگراف بفرست. ای مبارک احمق. از اون دوتا کمک بخواه. *فریاد می زند.* مبارک! *اردی و شهبانو تند و ترسیده به سالن می آیند و با تعجب به شاه خیره می مانند. شاه می زند زیر خنده و مثل پسربچه ای قهقهه می زند.* یک تیاتر روحوضی بود. شما ندیدید. سال ها سال پیش. خنده دار بود پسر. *و همچنان با صدای بلند می خندد.*

صحنه بیست و ششم

راهرو و اتاق یک بیمارستان در نیویورک. شب.

شهبانو به راهرو می آید. یک تُنگ خالی آب در دست دارد و آن را از آبسرد کن پُرآب می کند و باز بسوی اتاق برمی گردد. یک زن پرستار امریکایی با هیکل درشت و خشن جلوی شهبانو ظاهر می شود.

پرستار ببخشید خانم. تو حق نداری از اتاق بیمار بیرون بیای. حق نداری توی راهرو دیده بشی.

شهبانو من فقط اومدم به راهرو از دستگاه آب سردکن کمی آب بردارم.

پرستار باید به یکی از پرستارها می گفتی که این کار را برای تو انجام بده.

شهبانو کسی این دور و بر نبود.

پرستار افراد زیادی از مخالفان شوهر تو دورتادور بیمارستان را محاصره کردند و هرآن ممکنه چندتایی از اونها هُل بخورند بیان داخل. اونوقت اگه تو توی راهرو باشی ممکنه برخورد ناگواری پیش بیاد. مسئولیت هرگونه اتفاق توی راهرو بیمارستان به عهده ماست. ما نمی خواهیم اتفاق بدی برای شما بیفته. شما هم باید با ما همکاری بکنید پرنسس. حالا لطفن زود برگرد به اتاق خودت و دیگه این را تکرار نکن.

شهبانو با عصبانیت از پرستار جدا شده و می آید و وارد اتاق می شود. شاه روی تنها تختخواب اتاق لابلای ملافه های سفید رو به سقف دراز کشیده است.

شهبانو *تُنگ آب را بر میز می گذارد.* خاک بر سرها. بی معرفت ها. انگار نوبرش را اوردند پرستارهای این مریضخونه. می گه چرا از توی اتاق رفتم به راهرو. رفته بودم آب خنک بیارم خب.

شاه نباید می رفتی.

شهبانو خسته شدم از نشستن. ماهیچه های پاهام بهم فشار می اوردند از درد. باید چند قدم راه می رفتم. ماهیچه های پاهام هنوز درد دارند. خسته شدم از درد.

شاه چه خوب شد که لااقل ماهیچه های پاهای تو حرکت کردند و راه رفتند.

شهبانو زیاد نه.

شاه بازم بهتر از ماهیچه بدن من که همگی قفل شدن توی همدیگه.

شهبانو رفتم اما با خواری، با خفت. می بینید که چطور با ما رفتار می شه؟ همه فقط می خوان تحقیرمان بکنند. اینه رسم کثیف دنیا، تا وقتی در قدرتی همه عاشقت هستند اما وای به حالت وقتی بیفتی روی زمین، اونوقت بقیه فقط می

خوان از روی تو رد بشن. هرکس در پی فرصتی می گرده که عُقده های خودش را خالی بکنه روی سر تو. خاک بر سرها.

شاه می دونی چیه زن؟ پدر بزرگوار، اعلیحضرت فقید هوشیارتر بودند از ما در باب عدم ترویج مذهب، سختگیری های ایشان علیه رشد مذهب هوشمندانه بود. اگر خدا یکبار دیگه فرصت بازگشت به سلطنت به ما می داد ... اما نمی ده. تمام شد. پس بی زحمت چراغ را خاموش کن عزیزم.
شهبانو چراغ اتاق را خاموش می کند.

صحنه بیست و هفتم

اتاق بیمار. صبح زود.

همان اتاق بیمار در بیمارستان نیویورک. شهبانو پرده اتاق را پس می کشد. نور به اتاق می آید. تقه ای به در اتاق زده می شود. مردی می آید توی اتاق. او یکی از کارکنان بیمارستان است. پیش از هرچیز اول پرده های اتاق را می کشد و می بندد بعد با علامت تکان انگشت و با لبخندی تحقیر کننده به شهبانو نشان می دهد که حق باز کردن پرده ها را ندارد.

مامور بیمارستان امیدوارم حال هردوی شما خوب باشه دوستان من. مدیریت بیمارستان من را فرستاده اینجا که به شما اطلاع بدم حال بیمار شما بعد از عمل جراحی بهبود پیدا کرده و بیمار هم آماده ست برای ترخیص از بیمارستان. مدیریت بیمارستان از شما خواسته که لطفن تا قبل از پایان چهل و ساعت آینده اینجا را ترک کنید. چهل و هشت ساعت. اوکی؟ *با لبخندی مصنوعی یک برگه کاغذ جلوی شهبانو می گیرد و پایین برگه را به او نشان می دهد.* حالا لطفن اینجا را برای من امضا کنید. اینجا را. *شهبانو با ترس و تردید برگه را از او می گیرد. مرد یکبار دیگر جای امضا را نشان می دهد.* اینجا را.

شهبانو *از رفتار مرد دلخور شده، پایین برگه را به او نشان می دهد.* فهمیدم آقا. اینجا را.

برگه را تند امضا می کند و به مرد پس می دهد.

مامور بیمارستان خیلی متشکرم پرنسس. *با لبخند تمسخر از اتاق بیرون می رود اما باز سر می کشد توی اتاق و به پرده اشاره می کند.* حواستان به پرده های اتاق باشه. باید بسته بمانند. همچنان بسته. اوکی؟ سکوت. *شهبانو به او جواب نمی دهد. مرد می خندد بعد سر خود را بیرون کشیده می رود و در اتاق را پشت سر می بندد.*

شهبانو *خیره به در بسته اتاق.* چه حیوان غریبی!

شاه این مرتیکه چه می گفت؟ چه می خواست؟ اون کاغذ چه بود که امضا کردی؟ چرا امضا کردی؟ اصلن درباره چه بود؟

شهبانو *یک پارچه خیس بر پیشانی او می کشد.* اگه امضاش نمی کردم لابد مامورهای سی آی ای به اضافه گردن کلفت های اف بی آی همگی باهم به اینجا می ریختند و با اردنگی ما را می انداختند بیرون. *به پشت پنجره اشاره می کند.* دور و بر مریضخونه هم که خود اعلیحضرت می دونند چه خبره. صدای عربده کشیدن های مثلن دانشجویان مسلمان ایرانی را می شنوند که خواهان مرگ اعلیحضرت هستند.

شاه اعلیحضرت که خودش داره می میره.

شهبانو با اون صداهای ترسناکشان که هیچ شباهتی به صدای دانشجو نداره. *پوزخند می زند.* اینها قرار بود به کشور برگردند و آینده اون مملکت را بسازن، خاک بر سرها.

شاه و حالا دارن می رینن به اون مملکت.

شهبانو *می رود کنار پنجره و با احتیاط از لای درز پرده بیرون را نگاه می کند.* خوش به حال اعلیحضرت که بیرون را نمی بینند.

شاه تو مگه چه می بینی؟

شهبانو صحنه های چندش آور.

شاه برام بگو.

شهبانو چندتا از مردهای ریشو دارند توی پیاده رو دولا و راست می شن. دارند نماز می خونند ارواح عمه شان. صبح به این زودی مگه وقت نمازه؟ احمق های متظاهر.

شاه کارشان درسته زن. نماز را باید صبح زود خوند. نماز را باید صبح خیلی زود خوند.

شهبانو اما نه روی پیاده رو. اونهم پیاده رو یک خیابان شلوغ وسط نیویورک سیتی.

شاه کارشان درسته نمک نشناس ها. نماز را هرجا می شه خوند. توی مسجد یا توی حسینه، روی پیاده رویی در نیویورک سیتی یا وسط میدان چرک کثیفی در شهر شاهی.

شهبانو *از پنجره فاصله می گیرد.* نمازشان قبول نیست بهرحال. من به اعلیحضرت قول می دم. قبول نیست.

شاه چرا قبول نیست؟

شهبانو چون احمق هستند. دلیل از این بهتر؟

شاه اتفاقن خدا عاشق احمق هاست. تو نمی دونی زن. خدا عاشق احمق هاست و شیفته ی جنایتکارها.

شهبانو خدا داره امتحان می کنه اون مردم را. من به اعلیحضرت قول می دم که ملاها بلایی سر اون ملت بیارند که مردم از انقلاب خودشان پشیمان بشن و برگشت اعلیحضرت را آرزو بکنند. اما اونروز دیگه براشون دیر شده. خیلی دیر.

شاه امروز هم برای ما دیر شده. راهی برای فرار نمانده. گیر افتادیم. تمام شد.

شهبانو *دست شاه را به مهربانی در دست های خود می گیرد.* ناامید نباشید اعلیحضرت. هنوز امیدی هست. اعلیحضرت هنوز دوستانی دارند که ایشان را فراموش نکردند. *دست شاه را می بوسد.*

شاه پس چرا هیچکدامشان دعوتنامه ای برای ما نفرستاده هنوز؟

شهبانو اعلیحضرت جدی نگفتند وقتی که گفتند دیگه مایل نیستند به قاهره برگردند.

شاه می خوای بگی که فقط اون رفیق عرب ما معرفت نشان داده؟

شهبانو او دوست خوبیه. بهترین دوست اعلیحضرت.

شاه و تنها دوست.

شهبانو قاهره شهر قشنگیه. اعلیحضرت دوست داشتند اون شهر را. من هم دوست دارم اونجا را. آب و هوا و صفای مردمش.

شاه من وقتی گفتم دیگه دلم نمی خواد به اونجا برگردم یادم نبود که قاهره چه جای خوبی می تونه باشه برای مُردن. یک جای خوب برای تمام شدن. *شهبانو خسته مدتی در سکوت به شاه نگاه می کند. بعد می نشیند روی مبل و در آن فرو می رود. صدای آرام و مبهم شاه که می گوید.* نه حالا نه.

شهبانو مطمئن نیست که صدایی شنیده یا نه، نیم خیز شده نگاهی به شاه می اندازد اما باز برمی گردد و در جای خود فرو می رود و می خوابد. به خواب عمیق می رود. پس از مدتی سکوت، شهبانو در رویای خواب می شنود که انگشتی از پشت در اتاق چند تقه به در می زند.

شهبانو بیا تو. *مردی در را باز می کند و آرام وارد اتاق می شود. مرد کُت و شلوار مرتب پوشیده و یک عینک سیاه آفتابی بزرگ بر چشم ها گذاشته. او سبیل هم دارد. شهبانو از جای برمی خیزد. انگار که منتظر مرد بوده. آرام و با اشتیاق.* فرانک! تو بالاخره اومدی. می دونستم. قول می دم که اعلیحضرت حتی حدس هم نمی زنند که کی اینجاست. بهترین مرد امریکایی دنیا.

مرد، اول سبیل مصنوعی خود را می کند بعد عینک دودی را برمی دارد. او فرانک سیناترا است.

فرانک هی گربه های ایرانی! چطورید شما؟

شهبانو *ذوقزده.*اعلیحضرت پاشو ببین کی اینجاست!

فرانک خوابش بُرده. بذار بخوابه. اینجوری حالش بهتره انگار.

شهبانو اگه بیدار بود خوشحال می شد از دیدن تو. حتمن خوشحال می شد.

فرانک شما دوتا چقدر حالتون خوبه بدجنس ها!

شهبانو چه خوب که تو با اینهمه شهرت از هیچ کس نترسیدی و اومدی به دیدن ما. فقط تو اومدی.

فرانک از کی باید می ترسیدم؟

شهبانو از اون مردهای وحشی که بیرون بیمارستان علیه ما فریاد می کشند.

فرانک هیچکس من را نشناخت. اصلن دیگه کسی من را نمی شناسه. بخصوص اون مردها. شهرتم تمام شد. ببین چقدر چاق شدم. پیر و چاق و زشت.

شهبانو تو همیشه جذابی. همیشه.

فرانک فقط برای تو.

شهبانو و فقط همین مهمه.

فرانک از خودت برام بگو.

شهبانو دیشب تمام شب یکی از ترانه های تو را می خووندم. با صدای بلند. لمیده روی این صندلی نکبتی. بعد خودم را دیدم که داشتم می رقصیدم. توی یک فضای باز. می رقصیدم. اینجوری.
و شروع می کند به رقصیدن درحالیکه زیرلب یکی از ترانه های فرانک سیناترا را می خواند. بعد صدای موسیقی شنیده می شود. شهبانو درحال رقص دست های مرد را می گیرد و همراه با او می رقصد.

پایان نمایش